Planet@ 2

Libro de referencia gramatical: fichas y ejercicios

Matilde Cerrolaza
Óscar Cerrolaza
Begoña Llovet

edelsa
GRUPO DIDASCALIA, S.A.
Plaza Ciudad de Salta, 3 - 28043 MADRID - (ESPAÑA)
TEL.: (34) 914.165.511 - FAX: (34) 914.165.411

Primera edición: 1999
Primera reimpresión: 1999
Segunda reimpresión: 2000

Dirección y coordinación editorial: Departamento de Edición de Edelsa.
Diseño de cubierta: Departamento de Imagen de Edelsa.
Ilustraciones: Antonio Martín.
Fotocomposición: Francisco Cabrera Vázquez y Susana Ruiz Muñoz.
Fotomecánica: Clas, S.A.
Imprenta: Pimakius.
Encuadernación: Perellón, S.A.
Impreso en España
Printed in Spain

ISBN: 84-7711-230-4
Depósito legal: M-44888-2000

Introducción al Libro de Referencia Gramatical de Planet@ 2

Somos conscientes de que la experiencia de aprender una lengua extranjera es vivida de modos distintos por las diferentes personas, y que hay alumn@s y profesores que, en el proceso de adquisición de un idioma, requieren un momento de reflexión consciente y analítico sobre las estructuras de la lengua que están aprendiendo. Este momento puede ser complementario al desarrollo normal de la clase y servir de una gran ayuda tanto para docentes como para aprendientes.

En este contexto, y dentro de los materiales de Planet@ 2, nace este Libro de Referencia gramatical, dirigido a todas aquellas personas que busquen satisfacer esta necesidad.

El libro está confeccionado en torno a 38 fichas independientes para realizar de forma autónoma, con el objetivo de que cada persona seleccione las que quiere trabajar.
Las fichas están agrupadas y programadas de acuerdo a la progresión que se plantea en el Libro del Alumno.
Cada una de estas fichas presenta una imagen con una muestra de lengua que ejemplifica y contextualiza la estructura o tema gramatical que se va a estudiar.
A continuación un esquema gramatical claro y sencillo en el que, con unas explicaciones tangibles y concretas, se explican y deducen las reglas gramaticales. Hemos tenido en cuenta, fundamentalmente dentro de las posibilidades del nivel, variables diatópicas para que quien lo desee pueda profundizar en ellas.
Por último ofrecemos una selección de ejercicios estructurales, cerrados y muy dirigidos, para afianzarse y tomar confianza en el tema estudiado.

Se incluyen las Claves de los ejercicios de este Libro de Referencia gramatical, las Claves de los ejercicios de la sección *En autonomía* del Libro del Alumno de Planet@ 2, así como las correspondientes a la *Versión Mercosur*. Esto refuerza el papel del estudiante como sujeto activo de su aprendizaje, al permitirle controlar autónomamente su progresión, solucionar sus dudas y corregir posibles errores.

Deseamos que este material sea una ayuda más en ese proceso tan maravilloso que es descubrir una lengua.

Mucha suerte.

Los autores

índice

Ficha 1

EL PRETÉRITO IMPERFECTO

*Yo antes **tenía** muy malas costumbres y **me encontraba** fatal, pero ahora...*

1 tema

Regulares:

	AMAR	BEBER	VIVIR
(Yo)	amaba	bebía	vivía
(Tú*)	amabas	bebías	vivías
(Usted)	amaba	bebía	vivía
(Él/ella)	amaba	bebía	vivía
(Nosotros/as)	amábamos	bebíamos	vivíamos
(Ustedes*)	amaban	bebían	vivían
(Ellos/as)	amaban	bebían	vivían

* En casi toda España:

Informal	(Vosotros/as)	amabais	bebíais	vivíais
Formal	(Ustedes)	amaban	bebían	vivían

Irregulares:

	SER	IR	VER
(Yo)	era	iba	veía
(Tú*)	eras	ibas	veías
(Usted)	era	iba	veía
(Él/ella)	era	iba	veía
(Nosotros/as)	éramos	íbamos	veíamos
(Ustedes*)	eran	iban	veían
(Ellos/as)	eran	iban	veían

* En casi toda España:

Informal	(Vosotros/as)	erais	ibais	veíais
Formal	(Ustedes)	eran	iban	veían

1. Forma el imperfecto de estos verbos:

1. HABLAR (yo) ....
2. CANTAR (ellos) ....
3. CORRER (nosotros) ....
4. HACER (tú) ....
5. ESCRIBIR (usted) ....
6. PONER (ustedes) ....
7. PENSAR (yo) ....
8. SER (tú) ....
9. DECIR (nosotras) ....
10. VOLVER (ellas) ....
11. IR (vosotras) ....
12. VER (ella) ....
13. AMAR (vosotros) ....
14. TENER (ustedes) ....

2. Lee este texto:

Lola tiene 10 años. Así es como vive ahora:

Vivo con mis padres en una casa con jardín. Al lado de la casa hay un parque con juegos para niños. Allí me encuentro todas las tardes con mis amigos y jugamos. Por las mañanas voy al colegio con mi hermana. Me gustan mucho las clases, porque son alegres y hacemos actividades muy interesantes con nuestra profesora. La profesora se llama Pilar y nos quiere mucho. Los fines de semana salgo con mis padres a pasear por la montaña, y en verano nos bañamos en el río.

Ahora Lola tiene 65 años y le está contando a su nieta cómo era todo cuando ella tenía 10 años. Por favor, transforma el texto con el pretérito imperfecto:
Ej.: Cuando yo tenía 10 años, vivía con mis padres en una casa con jardín.

....
....
....
....
....
....

3. Escribe diez cosas que hacías de pequeño/a, en diferentes épocas del año y lugares:

1. ....   6. ....
2. ....   7. ....
3. ....   8. ....
4. ....   9. ....
5. ....   10. ....

aplicación

EL INDEFINIDO IRREGULAR: DECIR, PONER, PODER, QUERER

Ficha 2

¿Qué te **dijeron** tus padres de las notas?

Pues… mi madre **puso** una cara muy rara y mi padre no **dijo** nada

	DECIR	PONER	PODER	QUERER
(Yo)	dije	puse	pude	quise
(Tú*)	dijiste	pusiste	pudiste	quisiste
(Usted)	dijo	puso	pudo	quiso
(Él/ella)	dijo	puso	pudo	quiso
(Nosotros/as)	dijimos	pusimos	pudimos	quisimos
(Ustedes*)	dijeron	pusieron	pudieron	quisieron
(Ellos/as)	dijeron	pusieron	pudieron	quisieron

* En casi toda España:

Informal	(Vosotros/as)	dijisteis	pusisteis	pudisteis	quisisteis
Formal	(Ustedes)	dijeron	pusieron	pudieron	quisieron

aplicación

1. Encuentra 8 formas de estos verbos:

```
D I J O M P
D I A R E T U
I J P U D O S
J E U C L S I
E   S Q U U S
R O I U P E T
O N M I R U E
N   O S I U Q
T I S E N O S
I
```

Escribe las formas. ¿Qué persona es?

Ej.: Dije (yo)

....

....

....

....

....

....

....

....

2. Haz frases relacionando las columnas:

Decir   el lavavajillas.

                                           la verdad.

Poner   la televisión muy alta.

                                           mi opinión.

Poder   ese trabajo y conseguirlo.

                                           el libro sobre la mesa.

Querer   hablar, por fin, con él por la noche.

Ahora escribe las frases en la forma "yo" del indefinido:

....

....

....

....

....

....

....

3. Transforma estas frases según el modelo:

1. Esta mañana él ha dicho la verdad.   *Ayer él dijo la verdad.*
2. Hoy he puesto la mesa en el jardín. ....
3. Esta semana no he podido hablar con el director. ....
4. He querido verte, pero… ....
5. ¿No le has dicho a Ramón lo de la fiesta? ....
6. ¿No han puesto todavía el horario? ....
7. ¿Todavía no has podido hablar con ella? ....
8. Han querido regalarme un coche, pero he dicho que no. ....
9. Él ha puesto las cosas en orden. ....
10. No ha podido explicar la historia. ....
11. Vosotros habéis llegado tarde a clase. ....
12. Ustedes me han tratado muy bien. ....

4. Así lo cuenta un/-a español/-a, así lo cuenta un/-a argentino/a:

1. Esta mañana mi hijo no ha querido desayunar. Esta mañana mi hijo no *quiso* desayunar.
2. Esta semana he tenido mucho trabajo. Esta semana .... mucho trabajo.
3. Este año no he podido tener vacaciones. Este año no .... tener vacaciones.
4. Nunca he tenido una novia argentina. Nunca .... un novio español.
5. ¿Has estado alguna vez en Madrid? ¿............... alguna vez en Buenos Aires?.
6. No me he puesto corbata para la reunión de esta mañana. No me ....
corbata para la reunión de esta mañana.

aplicación

USOS DE LOS PASADOS (1): CONTRASTE IMPERFECTO / INDEFINIDO: SITUACIÓN / ACCIÓN

1 tema

*Ayer, como **era** domingo y **hacía** calor, **me fui** a la piscina*

¡Qué bien!

Circunstancia: era domingo.

Acontecimiento
Me fui a la piscina.

Circunstancia: hacía calor.

Circunstancia: tenía tiempo.

El indefinido en español sirve para informar de los acontecimientos. El imperfecto, en cambio, se utiliza para explicar las situaciones, para hablar de las circunstancias en las cuales ocurre una acción.

aplicación

1. Completa con el tiempo del verbo correcto:

1. ¿Qué tal ayer?
   Muy bien. (IR, yo) *Fui* a la fiesta de Juan y lo pasé muy bien.

2. ¿Qué tal ayer?
   Muy bien. (IR, yo) .... a la fiesta de Juan. (HABER) .... mucha gente, la música (SER) .... buenísima y, bueno, lo pasé estupendamente.

3. ¿Qué hiciste ayer?
   Nada, (QUEDARSE, yo) .... en casa toda la tarde.

4. ¿Qué hiciste ayer?
   Nada, (ENCONTRARSE, yo) .... mal y (QUEDARSE, yo) .... en casa toda la tarde.

5. ¿Qué tal el fin de semana?
   Estupendo. El viernes (SALIR, nosotros) .... pronto de trabajar y (IRSE, nosotros) .... a la playa.

6. ¿Qué tal el fin de semana?
   Estupendo. El viernes, como yo no (TENER) .... que trabajar, (SALIR, nosotros) .... pronto de la ciudad y (IRSE, nosotros) .... a la sierra, porque (ESTAR, noso-tros) .... cansados de la ciudad y (QUERER, nosotros) .... estar tranquilos.

2. Relaciona las situaciones con las acciones:

1. Hacer calor.	a. Ir al banco.
2. Estar de vacaciones.	b. Ir a dar un paseo.
3. Encontrarse mal.	c. Ir a cenar fuera.
4. No tener dinero.	d. Ir al médico.
5. Estar aburrido.	e. Ir a la piscina.
6. Estar solo en casa.	f. Viajar al extranjero.
7. No tener nada en la nevera.	g. Quedarse en casa.
8. Poner una película muy buena en la televisión.	h. Llamar a unos amigos.

Ahora escribe las frases con COMO o con PORQUE y los verbos en indefinido o en imperfecto:

....
....
....
....
....
....
....
....

3. ¿Qué cosas inesperadas pueden suceder mientras te estás duchando? Completa con estas sugerencias:

Ej.: Ayer estaba en la ducha y, de repente, sonó el teléfono.

- apagarse la luz del cuarto de baño.
- acordarse de una cita muy importante.
- entrar un ladrón en el cuarto de baño.
- escuchar ruidos extraños en la cocina.
- meterse el gato en la ducha.
- terminarse el agua caliente.

aplicación

Ficha 4

tema **1**

> *Antes vivía* en Argentina.
> *Ahora vivo* en Brasil.

- Para describir el pasado utilizamos **ANTES + pretérito imperfecto.**
- Para comparar el presente con el pasado utilizamos **ANTES + pretérito imperfecto, AHORA + presente.**

En los dos casos está implícita la idea de cambio, de transformación, de que ha ocurrido un acontecimiento. Si ese cambio se explicita, lo hacemos en indefinido porque es un acontecimiento.

aplicación

1. Rellena los huecos con el pretérito imperfecto de los verbos en paréntesis:

1. Antes Víctor (PESAR) .... 60 kilos, ahora pesa 75 y está mejor.
2. Antes Mari Carmen (BEBER) .... 5 cafés al día, ahora bebe sólo 2 y se siente mejor.
3. Antes Juan Ignacio no (HACER) .... nada de deporte. Ahora juega al tenis todas las semanas y está en forma.
4. Antes Teresa (ESTAR) .... siempre muy nerviosa. Ahora hace yoga y está muy tranquila.

2. Imagínate cómo era o qué hacía antes:

1. Juan vive ahora con una chica. Antes ....
2. Javier ahora come muy poco. Antes ....
3. Natalia y Ana ahora viven en la ciudad. Antes ....

3. Describe cinco cambios tuyos:

1. ....
2. ....
3. ....
4. ....
5. ....

aplicación

4. Aquí te presentamos a esta persona antes y ahora. Relaciona las expresiones del cuadro con cada situación:

Comer equilibradamente.
Hacer deporte.
Tener amistades.
Dormir 8 horas al día.
Sentirse atractiva.

No comer casi nada.
Estar triste y deprimida.
No tener amistades.
Sentirse fea.
Dormir poco.

Lo que le ocurrió fue: tener un problema de salud y estar dos meses en el hospital.

Ahora escribe la historia, cómo era antes, qué le pasó y cómo es ahora:

....
....
....

Aquí tienes otras personas y situaciones. ¿Puedes imaginar los cambios?:

....
....
....
....

Ficha 5

PERÍFRASIS (1): SEGUIR + GERUNDIO

1
tema

*Empecé a estudiar hace muchos años y **sigo estudiando** todavía*

> SEGUIR + gerundio = continuar una acción.
> Seguir… = **todavía…**

aplicación

1. Rellena los huecos con SEGUIR + gerundio:

1. Hace dos horas llovía.   *Ahora sigue lloviendo.*
2. Alberto empezó a estudiar hace 10 años y todavía ....
3. Elena empezó a nadar hace una hora y todavía ....
4. Empecé a escribir esta carta hace una hora y todavía ....
5. Comencé a leer a Borges hace 5 años y todavía ....
6. Hace una hora que la niña llora y todavía ....
7. Empezamos a construir esta casa hace 2 años y todavía ....
8. Han construido muchas líneas de metro nuevas en Madrid y todavía ....

2. Transforma las frases según el modelo:

1. ¿Todavía estudias español?   *¿Sigues estudiando español?*
2. ¿Todavía vives en Montevideo? ....
3. Todavía tengo tu foto. ....
4. ¿Todavía trabajas en el mismo sitio? ....
5. Todavía me duele la cabeza. ....
6. Tengo hambre todavía. ....
7. ¿Todavía escribes a mano? ....
8. ¿Todavía vives con tus padres? ....

3. Contesta a las siguientes frases siguiendo el modelo:

1. ¿Sigues queriéndome?   *No, ya no te quiero.*
2. ¿Sigues yendo al Café Central todos los viernes? ....
3. ¿Sigues estando enfadado conmigo? ....
4. ¿Sigues viviendo en la misma casa? ....

4. Ahora transforma las preguntas anteriores siguiendo el modelo:

1. ¿Sigues queriéndome?   *¿Todavía me quieres?*
2. ¿Sigues yendo al Café Central todos los viernes? ¿Todavía.........................?
3. ¿Sigues estando enfadado conmigo? ¿Todavía ....?
4. ¿Sigues viviendo en la misma casa? ¿Todavía ....?

Ficha 6

PERÍFRASIS (2): DEJAR DE + INFINITIVO

1
tema

> No, gracias, **dejé de fumar** hace mucho

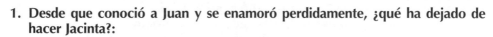

DEJAR DE + infinitivo = hablar del final de una acción.
Dejar de… = **ya no…**

aplicación

1. Desde que conoció a Juan y se enamoró perdidamente, ¿qué ha dejado de hacer Jacinta?:

1. Estudiar para los exámenes. *Ha dejado de estudiar para los exámenes.*
2. Comer. ....
3. Hacer deporte. ....
4. Salir con sus amigas. ....
5. Leer libros. ....
6. Ir a clases de ajedrez. ....
7. Ir a exposiciones de arte. ....
8. Pensar en el Príncipe Azul. ....

2. Transforma según el modelo y completa:

1. Ya no uso el coche. *Dejé de usar el coche cuando me trasladé al centro.*
2. Ya no trabajo. ....
3. ¿Ya no sales con Mario? ....
4. Ya no me quieres. ....
5. Ya no toco la guitarra. ....
6. Ya no practica alpinismo. ....
7. Ya no conduce camiones. ....
8. Ya no veraneamos en la montaña. ....
9. Ya no vienen en verano. ....
10. ¿Ya no vives con tus padres? ....

PERÍFRASIS (3): VOLVER A + INFINITIVO

*No, gracias, dejé de fumar hace mucho y **no he vuelto a fumar** ni un cigarrillo*

1
tema

VOLVER A + infinitivo = repetir una acción.
VOLVER A... = **... otra vez**

aplicación

1. Relaciona:

1. Dejé de fumar hace dos meses

2. Estuve en Cuba hace dos años
3. Ayer me enamoré de un chico encantador
4. Enrique se fue a vivir al campo hace tres años
5. Pepe y Martina discutieron ayer

a. y este año vuelvo a ir, porque me encanta.
b. y hoy han vuelto a discutir.
c. y no he vuelto a fumar ni un cigarrillo.
d. y hoy me he vuelto a enamorar… pero de otro.
e. y ahora ha vuelto a vivir en el centro de la ciudad.

2. Transforma según el modelo:

1. Fumo otra vez.   *Vuelvo a fumar.*
2. Me caso otra vez con Alejandro...
3. Otra vez llegas tarde. ....
4. Este año voy a Chile otra vez. ....
5. He tropezado otra vez con la misma piedra.......................................
6. Hemos tenido otra vez el mismo problema con el coche. ....
7. ¿Habéis ido otra vez a ver *Blade Runner*? ....
8. ¡Otra vez te has olvidado las llaves!...
9. Has ganado otra vez el premio. ....
10. ¡Bien! Nos ha tocado otra vez la lotería...

CAUSA, CONSECUENCIA, FINALIDAD (PORQUE, POR, ASÍ QUE, PARA)

1 tema

Ficha 8

> Necesitamos ganar más dinero **porque** tenemos muchos hijos

> Tenemos muchos hijos, **por eso** necesitamos ganar más dinero

> Necesitan ganar más dinero **para** criarnos a mí y a mis hermanos

aplicación

CAUSA ¿Por qué estudias español? Porque...

1. Relaciona:

1. John aprende español en la universidad porque
2. Frank estudia español escuchando cintas en el coche porque
3. Alessandra y Giovanna estudian español juntas porque
4. Françoise no estudia español porque

a. no le gusta aprender idiomas.
b. las dos tienen novios españoles.
c. así es más barato.
d. no tiene tiempo de ir a clase.

CONSECUENCIA ..., y por eso/así que

2. Completa:

1. Estudiar en la universidad es más barato, *y por eso John estudia español en la universidad.*
2. Frank no tiene tiempo de ir a clase, ...
3. Alessandra y Giovanna tienen novios españoles, ...
4. A Françoise no le gusta aprender idiomas, ...

FINALIDAD ¿Para qué estudias español? Para...

3. Completa:

1. John estudia español en la universidad *para ahorrar dinero.*
2. Frank estudia español escuchando cintas en el coche para ....
3. Alessandra y Giovanna estudian español para ....

4. ¿Para qué aprendemos español?

- hacer negocios con Hispanoamérica.
- ser intérprete.
- hacer turismo en España.
- comunicar con personas de otros países.
- encontrar trabajo en México.
- hacer traducciones.
- trabajar en una empresa de exportaciones.
- leer literatura.

Ej.: John aprende español para hacer negocios con Hispanoamérica.

Alberto...

Rose...

Natascha...

Makiko ....

Pascale...

Jorgos...

Vladimir...

5. Por favor, transforma según el modelo para expresar la CAUSA de otro modo:

Ej.: 1. Yo no voy este año a Buenos Aires, porque tengo más amigos en Córdoba.

   Como tengo más amigos en Córdoba, este año no voy a Buenos Aires.

2. No vamos a tener más hijos porque la vida está muy complicada hoy en día.

   ....

3. Ricardo no se casa porque quiere tener libertad para viajar toda su vida.

4. Vosotros no tenéis que hacer el examen porque tenéis muy buenos conocimientos.

   ....

5. Luisa no va a venir a la excursión porque tiene un compromiso.

   ....

6. Transforma las frases anteriores para expresar CONSECUENCIA:

Ej.: 1. Yo no voy este año a Buenos Aires, porque tengo más amigos en Córdoba.

Tengo más amigos en Córdoba, así que/por eso este año no voy a Buenos Aires.

2. No vamos a tener más hijos porque la vida está muy complicada hoy en día.

   ....

3. Ricardo no se casa porque quiere tener libertad para viajar toda su vida.

   ....

4. Vosotros no tenéis que hacer el examen porque tenéis muy buenos conocimientos.

   ....

5. Luisa no va a venir a la excursión porque tiene un compromiso.

   ....

aplicación

PERÍFRASIS (4): SE PUEDE, NO SE PUEDE, HAY QUE

2 tema

Y tú, ¿qué crees que **hay que hacer** para aprender bien español?

Bueno, no sé... **Se pueden hacer** muchas cosas, **se puede ir** a España, **se puede**...

Para expresar OBLIGACIÓN de forma impersonal se utiliza el verbo HABER en tercera persona de singular + que + infinitivo (**HAY QUE + infinitivo**).

Para expresar POSIBILIDAD de forma impersonal se utiliza el índice de impersonalidad SE + PODER en tercera persona de singular + infinitivo (**SE PUEDE - NO SE PUEDE + infinitivo**).

1. ¿Qué hay que hacer para llevar una vida sana? Guillermo y Víctor tienen opiniones diferentes. ¿Tú qué piensas?:

Guillermo:

Dormir 12 horas al día.
No beber alcohol.
Hacer gimnasia todos los días.
No comer carne.

Víctor:

Dormir 7 horas al día.
Beber una copita de vino en la comida.
Hacer yoga dos veces por semana.
Comer carne 2 veces por semana.

Ej.: Yo pienso que:

para llevar una vida sana hay que / no hay que...

....
....
....
....
....
....
....
....

2. A continuación tienes algunas señales de tráfico y carteles. Por favor, formula lo que significan con "se puede" o "no se puede". Te damos el verbo en infinitivo dentro de una bolsa de ayuda:

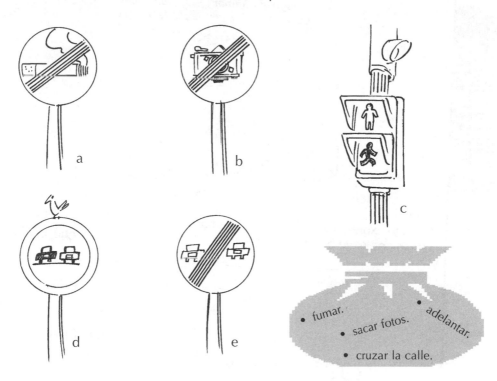

- fumar.
- sacar fotos.
- adelantar.
- cruzar la calle.

3. Transforma según el ejemplo para expresar la obligación, personalizándola:

Esta casa está hecha un desastre:

1. Hay que fregar los platos. (Juancho)   *Juancho tiene que fregar los platos.*
2. Hay que pasar la aspiradora. (Tú) ....
3. Hay que limpiar el polvo. (Yo) ....
4. Hay que regar las plantas. (Teresa y Raimundo)..
5. Hay que poner la lavadora. (Luz y yo) ....
6. Hay que limpiar los cristales. (Tú y Mara)..

4. ¿Qué crees que se puede hacer un domingo en el Parque del Retiro de Madrid?:

¿Ver un espectáculo de títeres? *Sí, creo que se puede ver un espectáculo de títeres.*
¿Montar a caballo? ....
¿Montar en barca en el lago? ....
¿Atravesar el parque en coche? ....
¿Escuchar música clásica en vivo? ....
¿Enviar un fax? ....
¿Montar en bicicleta? ....

aplicación

-19-

PERÍFRASIS (5): TENER QUE + INFINITIVO

*Uf, hoy **tengo que hacer** muchas cosas, **tengo que llamar** a César, **tengo que reunirme** con la competencia, **tengo que**...*

2 tema

Cuando expresamos la obligación de hacer una cosa en forma personal, lo expresamos con el verbo **TENER** en la persona correspondiente + **que** + **infinitivo**.

(Yo)	**tengo**	
(Tú)	**tienes**	
(Usted)	**tiene**	
(Él/ella)	**tiene**	+ **que** + **infinitivo**
(Nosotros/as)	**tenemos**	
(Ustedes**)	**tienen**	
(Ellos/as)	**tienen**	

** En casi toda España:

Informal	(Vosotros/as)	**tenéis**	+ **que** + **infinitivo**
Formal	(Ustedes)	**tienen**	

1. **José Manuel y Ricardo viven juntos. Hoy le toca a Ricardo arreglar la casa, y como Ricardo es un poco despistado, José Manuel le deja una lista de las cosas que tiene que hacer. Pero la lista está hecha con dibujos. Por favor, escribe lo que tiene que hacer Ricardo:**

 a
 b
 c

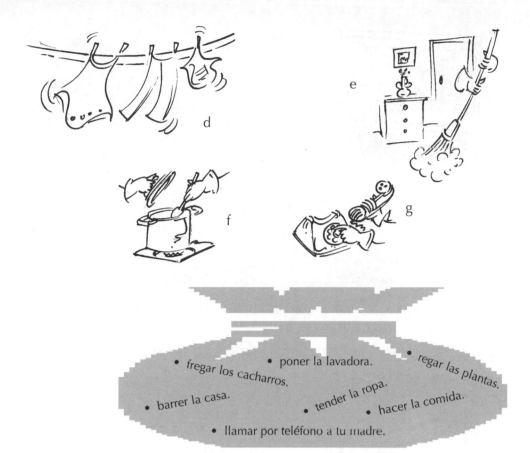

Ej.: Ricardo, hoy… *tienes que fregar los cacharros.*

....
....
....
....
....
....

2. Después Ricardo deja otra nota a la señora de la limpieza, para que continúe arreglando la casa, y también le deja unos dibujos. Es la señora Amparo y la llama de usted, claro…:

aplicación

c

d

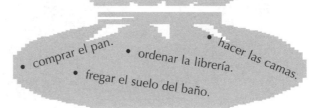

• comprar el pan.
• hacer las camas.
• ordenar la librería.
• fregar el suelo del baño.

Ej.: Señora Amparo, hoy... *tiene que comprar el pan.*

....

....

....

3. Y tú, ¿qué tienes que hacer para aprender bien español? Aquí tienes algunas ideas:

- Viajar a España o Hispanoamérica.
- Intercambiar conversación con hispanohablantes.
- Leer literatura en español.
- Escribir cartas en español.
- Leer periódicos españoles o hispanoamericanos.

Ej.: Para aprender español bien...

tengo que viajar a España o Hispanoamérica.

....

....

....

....

aplicación

Ficha 11

LOS POSESIVOS

Para indicar la posesión, utilizamos los adjetivos posesivos colocados antes del sustantivo o los pronombres (sin sustantivo). Aquí tienes el esquema:

	Adjetivo posesivo		Pronombre posesivo	
(Yo)	mi		(el) mío	(la) mía
	mis		(los) míos	(las) mías
(Tú*)	tu		(el) tuyo	(la) tuya
	tus		(los) tuyos	(las) tuyas
(Usted)	su		(el) suyo	(la) suya
	sus		(los) suyos	(las) suyas
(Él/ella)	su		(el) suyo	(la) suya
	sus		(los) suyos	(las) suyas
(Nosotros/as)	nuestro	nuestra	(el) nuestro	(la) nuestra
	nuestros	nuestras	(los) nuestros	(las) nuestras
(Ustedes*)	su		(el) suyo	(la) suya
	sus		(los) suyos	(las) suyas
(Ellos/as)	su		(el) suyo	(la) suya
	sus		(los) suyos	(las) suyas

* En casi toda España:

Informal	(Vosotros/as)	vuestro	vuestra	(el) vuestro	(la) vuestra
		vuestros	vuestras	(los) vuestros	(las) vuestras
Formal	(Ustedes)	su		(el) suyo	(la) suya
		sus		(los) suyos	(las) suyas

Como verás, todos ellos pueden ir en plural, y en el caso de "nosotros" y "vosotros" hay también concordancia de género.

1. Aquí tenemos a dos parejas hablando de sus casas. Relaciona:

Ignacio y Marisa

1. Nuestra casa tiene un baño y un servicio.
2. Tu casa no tiene terraza.
3. Vuestro salón es muy pequeño.
4. Mi dormitorio tiene dos ventanas.

Alejandro y Socorro

a. Y el mío tiene un balcón.
b. Y el vuestro es demasiado grande.
c. Pero tu terraza tiene mucho ruido.
d. Y la nuestra tiene dos baños completos.

2. Transforma refiriéndote a la persona "yo":

1. Mi amiga es muy simpática.   *La mía también.*
2. Mi coche es muy moderno. ....
3. Mis compañeros son muy amables. ....
4. Nuestro perro es muy inteligente. ....
5. Nuestros hijos son muy buenos. ....

3. Rellena con la forma adecuada:

a. Hola, soy Alberto. Este es mi hermano Felipe. Esa señora es ...... mujer y esos son ...... hijos.

b. Hola, soy Álvaro. Estos son ...... abuelos. ...... abuela tiene 75 años y ...... abuelo 82. Esa niña es ...... hermana y ese es ...... osito.

c. Hola, soy Rosa. Este es ...... marido. Este perro es ...., y el gato también.

4. Una pareja de enamorados diciéndose piropos. Completa las frases:

1. Tus ojos son como dos luceros.   *Y los tuyos como dos lagos tranquilos.*
2. Tu boca es como una rosa.   Y.................... como una fresa.
3. Tu pelo es suave como la seda.   Y.................... negro como la noche.
4. Tu voz es dulce como el caramelo.   Y.................... tierna como el pan.
5. Tu ....   Y...
6. Tu ....   Y...

aplicación

USOS DE LOS PASADOS (3): DESCRIPCIÓN DEL PASADO / ACONTECIMIENTOS

2 tema

Ficha 12

*Cuando **terminé** la carrera, **me fui** a los EE UU. Allí **trabajaba** en una empresa de servicios. Después...*

aplicación

1. Completa con la forma y el tiempo adecuados:

1. De 1985 a 1990 (ESTUDIAR) .... en la Universidad Complutense. Después, cuando (TERMINAR) .... la carrera, me (IR) .... a Alemania para hacer unas prácticas y aprender el idioma.

2. De 1985 a 1990 (ESTUDIAR) .... en la Universidad Complutense. Al mismo tiempo (TRABAJAR) .... en un bufete de abogados y los fines de semana (AYUDAR) .... a un amigo que (TENER) .... un restaurante. Después, cuando (TERMINAR) .... la carrera, me (IR) .... a Alemania para hacer unas prácticas en una empresa que (DEDICARSE) .... a las relaciones internacionales y al comercio exterior. También (APRENDER) .... el idioma.

3. (EMPEZAR) .... a trabajar en esta empresa en 1998.

4. (EMPEZAR) .... a trabajar en esta empresa en 1998. Entonces (HACER) .... de todo: (ENVIAR y RECIBIR) .... faxes y mensajes electrónicos, (RECIBIR) .... a clientes...

5. En 1975 (ESTAR) .... en Holanda. Un año después (IRSE) .... a Irlanda y desde 1980 trabajo aquí. Y me va muy bien.

6. En 1975 (ESTAR) .... en Holanda. Allí (TRABAJAR) .... como traductor de español en una pequeña empresa que (DEDICARSE) .... al transporte internacional. Un año después (IRSE) .... a Irlanda. Allí (DAR) .... clases de español. Desde 1980 trabajo aquí. Y me va muy bien.

7. (ESTUDIAR) .... en la Universidad Autónoma. Esa fue una de las mejores épocas de mi vida. En aquella época (PARTICIPAR) .... en muchos grupos de teatro, (SALIR) .... todos los dias e (IR) .... a reuniones literarias, (TENER) .... mucho tiempo para mí. Bueno, que fue fantástico.

Ficha 13

USOS DE LOS PASADOS (4): ESTUVE HACIENDO / HICE

2 tema

> *Ayer **hizo** lo mismo: **tocó** un rato la guitarra, y luego todo el tiempo **estuvo tocando** la flauta*

Cuando nos referimos a acontecimientos o actividades realizados en el pasado utilizamos dos formas, las dos en indefinido. Una es la forma simple, más neutra. La otra es cuando queremos hacer énfasis en la acción en sí misma, en la duración de la acción o en su dificultad.

aplicación

1. Completa con el indefinido simple o con la forma ESTAR + gerundio:

1. (ESTUDIAR) .... medicina en la Universidad de La Paz.
2. DE 1988 a 1996 (ESTUDIAR) .... medicina en la Universidad de La Paz.
3. (TRABAJAR) .... en esa empresa 12 años.
4. (TRABAJAR) .... mucho y muy duro en esa empresa para conseguir un buen puesto de trabajo.

2. Explica la vida de esta persona. Utiliza las dos formas, "trabajó" y "estuvo trabajando":

- 1960-1975. México DF. Escuela.
- 1976-1981. Madrid. Facultad de Medicina.
- 1982-1985. Houston (Texas). Especialización en la Universidad: Cirugía.
- 1986-1992. Lima. Médico residente en un hospital.
- 1993-1998. Santiago de Chile. Cirujano jefe.

Ej.: De 1960 a 1975 estuvo viviendo y asistiendo a la escuela en la ciudad de México.

....
....
....
....

Ficha 14

USOS DE LOS PASADOS (5):
ACONTECIMIENTOS, DESCRIPCIÓN DEL PASADO
Y ACCIONES EN DESARROLLO

3
tema

> *Estábamos* en Ghana, *íbamos* en autobús por una carretera de tierra, *estábamos esperando* con el autobús parado, y un chico **hizo** una foto a un hombre que se **enfadó** muchísimo...

aplicación

1. Relaciona:

Estábamos en un río,	estaba leyendo el periódico	y se enamoró de otra.
Tenía problemas con su novia,	estaba preparando la cena	y le dio un ataque de nervios.
Quería encontrar trabajo,	estábamos bañándonos	y vio una oferta muy interesante.
Tenía hambre,	estaba tomando mucho café	y nos quitaron la ropa.
Tenía sueño,	estaba pasándolo mal	y se durmió.
Estaba muy nervioso,	estaba viendo la tele	y se le acabó el gas.

2. Completa:

1. (ESTAR, nosotros) .... en Zimbabwe, en un bungalow, (ESTAR DURMIENDO, nosotros) ...., y (VENIR) .... unos monos que nos robaron toda la comida.

2. Ayer (ESTAR, yo) .... en casa, sentada en el sofá; (ESTAR LEYENDO, yo) .... el periódico tranquilamente y, de pronto, me (LLAMAR, ellos) .... por teléfono del trabajo. Total, que tuve que irme corriendo a la oficina. ¡Qué rollo!

3. (ESTAR, yo) .... en la playa, relajadísimo, tranquilísimo, no (ESTAR PENSANDO, yo) .... en nada; (ESTAR TOMAN-DO, yo) .... tranquilamente el sol y, de repente, (VENIR) .... un montón de gente, con música a todo volumen y (SEN-TARSE, ellos) .... a mi lado.

4. El otro día, en casa, no (TENER, yo) .... nada que hacer, (SEN-TIRSE, yo) .... un poco deprimida y (ESTAR PENSANDO, yo) .... en qué hacer... y justo en ese momento me llamó Claudia.

5. No (TENER, ella) .... trabajo, no (TENER, ella) .... dinero, (QUERER, ella) .... irse de casa de sus padres; (ESTAR PENSANDO, ella) .... en irse a otro país... y (TOCARLE) .... la lotería: 500 millones de pesetas.

3. ¿Qué puede suceder mientras tú estás... o alguien está...? Escribe el final de estas historias.

Ej.: 1. Hacer mucho calor / Estar tomando un vermut en una terraza y ....

Hacía mucho calor, estaba tomando un vermut en una terraza y, de repente, apareció el hombre del anuncio del vermut Pepini.

2. Llover a cántaros / no tener paraguas / estar andando por la calle y ....
....

3. Estar en un restaurante de lujo / estar comiendo con un cliente muy impor-tante / pedir la cuenta y ....
....

4. Estar en el banco / estar sacando dinero y ....
....

5. Estar montando en elefante en Nepal / tener miedo y ....
....

6. Estar en un safari / estar sacando una foto a un león y ....
....

7. Estar en un pueblo perdido / estar disfrutando de la soledad y ....
....

8. Estar en casa / estar durmiendo la siesta y ....
....

9. Estar sola / estar deseando tener compañía y ....
....

10. Estar llorando en la cuna / tener hambre y ....
....

aplicación

PERÍFRASIS (6): LLEVAR + CANTIDAD DE TIEMPO + GERUNDIO

3 tema

¡Llevo tres horas esperándole! ¡Me voy!

---

*LLEVAR + cantidad de tiempo + GERUNDIO ⟶ expresa la cantidad de tiempo que se está haciendo algo.

* No se puede utilizar en pretérito perfecto, pretérito indefinido e imperativo.

---

1. Ordena estos elementos y escribe la frase:

Ej.: 1. tres horas / llevo / Date prisa: / esperándote
  Date prisa: llevo tres horas esperándote.

2. toda la mañana / que no quieres hacer / Llevas / ese trabajo / diciéndome
....

3. esperando / ¡Oiga, camarero! / Llevamos / la comida / media hora
....

4. cambiar de vida / Llevo / que tengo que / mucho tiempo / pensando
....

5. tres cuartos de hora / para hablar / llevan / Están hartos: / esperando / con la Sra. Martínez
....

2. Transforma las frases como en el ejemplo:

Ej.: 1. Estábamos en 1998, hacía yoga desde 1996 y me fui a la India.
  Cuando me fui a la India llevaba dos años haciendo yoga.

2. Eran las 15:00; estaban trabajando desde las 9:00 y se fueron a comer.
....

3. Pedro estaba aprendiendo portugués desde 1987; estábamos en 1994 y le salió un trabajo en Brasil.

....
....

4. (Yo) estaba esperando el autobús desde las 14:30; eran las 15:00 y pasó Nati en coche por la parada.

....
....

5. Vivía sola desde 1983; estábamos en 1991 y me fui a vivir con mi pareja.

....

6. Rosa empezó a trabajar en la Universidad en 1991; estábamos en 1995, todavía estaba trabajando allí, y la echaron.

....
....

7. Vivíamos en el campo desde marzo; estábamos en mayo y se vinieron unos amigos a vivir con nosotras.

....
....

8. Había empezado a estudiar cuando tenía 21 años, tenía 29, todavía estaba estudiando y lo dejó.

....
....

9. Vivía en Nueva York desde enero, estábamos en junio y se trasladó a San Francisco.

....
....

3. **Contesta a estas preguntas con tus propias circunstancias:**

1. ¿Cuánto tiempo llevas aprendiendo español?
....

2. ¿Cuánto tiempo llevas viviendo en la misma casa?
....

3. ¿Cuánto tiempo llevas trabajando / estudiando en el mismo sitio?
....

4. ¿Cuánto tiempo lleva gobernando el mismo partido en tu país?
....

5. ¿Cuántos años llevas usando el ordenador?
....

6. ¿Cuánto tiempo llevas haciendo este ejercicio?
....

aplicación

PERÍFRASIS (7): ESTAR A PUNTO DE + INFINITIVO

3 tema

Ficha 16

> *Llevo una hora esperando, ¡no puedo más!* **Estoy a punto de estallar**

*ESTAR A PUNTO DE + infinitivo ⟶ expresa una acción inminente, muy próxima.

*Se puede usar en todos los tiempos, excepto en imperativo.

aplicación

1. Transforma las frases como en el modelo:

Ej.: 1. Perdóname, pero no tengo tiempo para hablar contigo: voy a salir enseguida.
Perdóname, pero no tengo tiempo para hablar contigo: estoy a punto de salir.

2. Tenemos que salir ahora mismo y suena el teléfono, ¡qué pesadez!
....

3. Ya he hecho casi todo el trabajo: termino enseguida.
....

4. ¿No te importa llamarme más tarde? Voy a empezar a comer ahora mismo.
....

5. Le voy a dar mi nueva dirección: me cambio de piso esta semana.
....

6. Date prisa, el avión sale enseguida.
....

7. Este niño va a echarse a andar dentro de poco.
....

8. Ahora sale la Sra. Rodríguez. La reunión va a terminar enseguida.
....

9. Hace un calor espantoso. Voy a desmayarme.
....

10. Mariana está en el noveno mes de embarazo. Yo creo que el niño va a nacer de un momento a otro.
....
....

11. Hay muchas nubes en el cielo. Va a empezar a llover en unos minutos.
....

2. Relaciona:

1. Estaba a punto de dormirme

2. Estaba a punto de entrar en la ducha

3. Estaba a punto de cerrar la puerta

4. Estaba a punto de firmar un cheque

5. Estaba a punto de encender un cigarrillo

a. y me di cuenta de que no tenía dinero en la cuenta.

b. y me acordé de que las llaves estaban dentro de casa.

c. cuando vi la señal de prohibido fumar.

d. y me acordé de que el despertador no funcionaba.

e. y llamaron a la puerta.

3. Transforma las frases como en el modelo. Tienes cinco posibilidades para expresar lo mismo:

- enseguida
- ahora mismo
- en unos instantes
- dentro de poco
- de un momento a otro

Ej.: 1. Por favor, silencio. La función está a punto de empezar.
Por favor, silencio. La función va a empezar enseguida / ahora mismo / de un momento a otro / en unos instantes / dentro de poco.

2. ¡Vamos! El tren está a punto de salir.
....
....

3. Yo creo que Daniela y Lucas están a punto de tener una buena discusión.
....
....

aplicación

Ficha 17

PERÍFRASIS (8): PONERSE A + INFINITIVO

*Uf, hacía un día estupendo y, de pronto, **se puso a llover** y…*

3 tema

Para expresar el inicio de algo = **PONERSE a + infinitivo.**

aplicación

1. Relaciona:

1. Me he puesto a gritar
2. Carmen siempre se pone a llorar
3. Se puso a llover
4. El taxista se puso a decir palabrotas
5. Se puso a dar saltos de alegría

a. cuando ocurrió el accidente.
b. y no tenía paraguas.
c. cuando le hablo de su padre.
d. cuando se enteró del resultado del examen.
e. cuando he visto esa rata.

2. Ordena las frases y completa con la perífrasis PONERSE A + infinitivo en la forma correcta:

Ej.: 1. Ayer / calle / en / estaba (yo) / la / y / (LLOVER)
Ayer estaba yo en la calle y se puso a llover.

2. Anteayer / el / en / estaba / examen / María / de matemáticas / muy / nerviosa / porque / (LLORAR)
....
....

3. Ayer / cuando / su familia / le pregunté / a Manuel / su mujer / por / (HABLAR DE)
....

4. Cuando / a Elena / a la fiesta / le dije / que yo no podía / ir / (GRITARME)
....

5. Cuando / Javier / la lotería / esta mañana / ha sabido / que le ha tocado / (CANTAR)
....

EL PRONOMBRE OBJETO DIRECTO

3 tema

> ¿Tienes **el número de teléfono** de Roberto?

> No, **no lo tengo** aquí, **lo tengo** en casa

		PERSONAS		COSAS	
	masc./fem.	masc.	fem.	masc	fem.
SING.	**me**, **te**	**lo**, **le** (en España)	**la**	**lo**	**la**
PLUR.	**nos**, **os**	**los**, **les** (en España)	**las**	**los**	**las**

1. Completa estos diálogos:

Ej.: 1. - ¿Qué buscas?
   - El libro que estaba leyendo. ¿<u>Lo</u> has visto?

2. - Oye, ¿dónde están las tijeras?
   - ...... he puesto en el aparador.
3. - Estoy muy preocupada por Alberto y Enrique. No sé, creo que tienen problemas.
   - Sí, yo .... vi ayer y ..... noté muy tristes.
4. - ¿Qué quieres?
   - La tarjeta de crédito. ¿ .... tienes tú?
5. - Tengo ganas de ver a mis hermanas.
   - Vale, pues podemos llamar....... y hacer algo: ir al cine o algo así.
6. - ¿Tienes el informe que te di ayer?
   - No, ... tiene Mercedes.
7. - ¿Dónde está Javier?
   - No sé, no ..... he visto en todo el día.
8. - ¡Otra vez la ventana abierta! ¡Con el frío que hace!
   - ¡Yo qué sé! Yo no ..... he abierto.

9. - ¿Has hablado con Alicia?
   - Sí, ... llamé por teléfono ayer.

10. - Nada, que no encuentro el periódico de ayer.
    - Los periódicos viejos ...... he llevado yo a reciclar.

2. Adivina de qué objetos se trata y completa las frases con el pronombre correspondiente:

Ej.: 1. *Por favor, ¿lo dejas libre un momento? Es que tengo que mandar un correo electrónico urgentemente a mi madre.*
(el ordenador)

2. ¿.... ves o no la ves? Está justo debajo de la luna, en línea recta.
   (............................)

3. No ..... encuentro, ¿..... has visto tú? Cuando ..... usó María la última vez, estaban en un llavero rosa.
   (.............................)

4. ¿....... has encontrado ya? Pues tenemos que encontrar....., porque a las siete ponen una película y sin ellas no veo nada.
   (............................)

5. Pues yo ...... planché ayer y lo puse en tu armario; así que mira allí.
   (.................................)

3. ¿No te parecen demasiadas repeticiones? Utiliza los pronombres: sustituye las palabras en negrita:

1. He estado con Lucía esta mañana: he llamado por teléfono **a Lucía** y he quedado **con Lucía**. Hemos estado hablando mucho rato: han contratado **a Lucía** en una empresa de publicidad, está muy contenta con el trabajo. Pero tiene problemas porque van a echar **a Lucía** de la casa en la que vive; me ha dicho que quieren vender todo el edificio para construir oficinas.

2. No me gustan los teléfonos móviles, todo el mundo tiene **teléfonos móviles** y lleva **los teléfonos móviles** encima: por la calle, en el coche… ¡hasta en el cine! Estamos en la era de los teléfonos móviles: estás hablando con alguien y, de pronto, suena. Entonces, la persona saca **el teléfono móvil** y se pone a hablar y tú te quedas ahí esperando… ¡Es increíble! O estás en un restaurante, se oye "¡riiiiinng!" y varias personas buscan **el teléfono móvil** en el bolsillo, en la cartera, y sacan **el teléfono móvil** para ver si es el suyo el que suena.

aplicación

PRONOMBRES OBJETO INDIRECTO + OBJETO DIRECTO

3 tema

¿Dónde está el CD de Amistades Peligrosas?

Se lo he dejado a César

PRON. O. IND.	PRON. O. DIR.
Me Te Se Nos Os Se	+ **lo**, **la**, **los**, **las**

* Cuando se sitúa el objeto en primer lugar, hay que repetirlo con el pronombre: "El disco (= objeto directo) se lo he dejado a Juan". El disco = **lo**

aplicación

1. Aquí tienes una lista de cosas para regalar; distribúyelas entre las personas de la lista y después escribe la frase:

una camisa	Alfredo
unas flores	Jaime
un libro	Alicia
unos zapatos	Javier
un disco	Carmen
un perfume	Jorge
una bufanda	José Ángel
una rosa	Alberto

Ej.: 1. *Los zapatos <u>se los</u> regalo a Carmen.*
2. La camisa .... regalo a ....
3. Las flores .... regalo a ....
4. El libro .... regalo a ....
5. El disco .... regalo a ....
6. El perfume .... regalo a ....
7. La bufanda .... regalo a ....
8. La rosa .... regalo a ....

2. Ahora, imagina que Alberto te pide esas mismas cosas y escribe la frase correspondiente como en el ejemplo:

1. Los zapatos
2. La camisa
3. Las flores

4. El libro
5. El disco
6. El perfume

7. La bufanda
8. La rosa

Ej.: 1. *Oye, los zapatos, ¿me los regalas?*
2. Oye, la camisa, ¿........... regalas?
3. Oye, las flores, ¿........... regalas?
4. Oye, el libro, ¿........... regalas?
5. Oye, el disco, ¿........... regalas?
6. Oye, el perfume, ¿............ regalas?
7. Oye, la bufanda, ¿............ regalas?
8. Oye, la rosa, ¿............. regalas?

3. Responde:

Ej.: 1. *No, los zapatos no te los regalo porque se los he regalado a Carmen.*
2. No, la camisa no .... regalo porque .... he regalado a ....
3. No, las flores no .... regalo porque .... he regalado a ....
4. No, el libro no .... regalo porque .... he regalado a ....
5. No, el disco no .... regalo porque .... he regalado a ....
6. No, el perfume no .... regalo porque .... he regalado a ....
7. No, la bufanda no.......... regalo porque .... he regalado a ....
8. No, la rosa no .... regalo porque .... he regalado a ....

4. Ahora, imagina que Alberto y Francisca te piden esas mismas cosas y escribe la frase correspondiente como en el ejemplo:

Ej.: 1. *Oye, los zapatos, ¿nos los regalas?*
2. Oye, la camisa, ¿ .... regalas?
3. Oye, las flores, ¿ .... regalas?
4. Oye, el libro, ¿ .... regalas?
5. Oye, el disco, ¿ .... regalas?
6. Oye, el perfume, ¿ .... regalas?
7. Oye, la bufanda, ¿ .... regalas?
8. Oye, la rosa, ¿ .... regalas?

5. Responde:

Ej.: 1. *No, los zapatos no os los regalo porque se los he regalado a Carmen.*
2. No, la camisa no .... regalo porque .... he regalado a ....
3. No, las flores no .... regalo porque .... he regalado a ....
4. No, el libro no .... regalo porque .... he regalado a ....
5. No, el disco no .... regalo porque .... he regalado a ....
6. No, el perfume no .... regalo porque .... he regalado a ....
7. No, la bufanda no .... regalo porque .... he regalado a ....
8. No, la rosa no .... regalo porque .... he regalado a ....

aplicación

EL IMPERATIVO (1): LA FORMA REGULAR

4 tema

¡Puedo pasar?

Sí, *pase, pase*

	- AR PAS**AR**	**- ER** COM**ER**	**- IR** VIV**IR**
(Tú *)	pas **a**	com **e**	viv **e**
(Usted)	pas **e**	com **a**	viv **a**
(Ustedes **)	pas **en**	com **an**	viv **an**

* En Argentina, Uruguay, Paraguay y otros lugares de Hispanoamérica:			
(Vos)	pas **á**	com **é**	viv **í**

** En casi toda España:				
Informal	(Vosotros/as)	pas **ad**	com **ed**	viv **id**
Formal	(Ustedes)	pas **en**	com **an**	viv **an**

aplicación

1. Forma el imperativo de estos verbos:

	Hablar	Trabajar	Beber	Subir	Escribir
(Tú)	*habl**a***				
(Usted)					
(Ustedes)					

2. Contesta afirmativamente a estas preguntas utilizando el imperativo:

Ej.: 1. *- ¿Puedo pasar?*
   - Sí, pasa (tú)/ pase (usted).

2. ¿Puedo llamar por teléfono?
   Sí, ...

3. ¿Puedo leer el periódico?
   Sí, ...

4. ¿Puedo escribir esto a máquina?
   Sí, ...

5. ¿Puedo utilizar tu ordenador?
   Sí, ...

6. ¿Puedo comer un poco más?
   Sí, ...

3. Forma el imperativo "tú" o el imperativo "usted":

TÚ	USTED
1. Compra	1. ....
2.	2. Abra
3. Escribe	3. ....
4. Lee	4. ....
5.	5. Escuche
6. Pasea	6. ....
7.	7. Dibuje
8.	8. Pregunte
9. Comprende	9. ....
10.	10. Mire

4. Forma el imperativo "tú" y "usted" de estos verbos:

	TÚ	USTED
1. Escuchar	escucha	escuche
2. Responder	....	....
3. Cantar	....	....
4. Escribir	....	....
5. Vender	....	....
6. Comprar	....	....
7. Subir	....	....

5. Aquí tienes unos verbos en imperativo. Di a qué formas corresponden.

anda	escuche	hablen	beba	escriba	subid
vive	dibuje	hable	abre	bebe	toma
ande	preguntad	pregunte	bebed	beban	

aplicación

	Tú/vosotros/as	Usted/ustedes
Beber	*bebe/bebed*	*beba/beban*
Preguntar		
Andar		
Dibujar		
Escuchar		
Hablar		
Subir		
Escribir		
Tomar		
Abrir		
Vivir		

6. Escribe los imperativos de "tú", "usted", "ustedes" y "vosotros/as".

¿Qué se debe hacer para tener una buena relación con los demás?:

TÚ

(ESCUCHAR) .... atentamente a los demás cuando te hablan.
(SER) .... comprensivo con los problemas de la gente.
(HABLAR) .... con sinceridad de tus relaciones.
(RESPETAR) .... las opiniones diferentes de las tuyas.

USTED

(ESCUCHAR) .... atentamente a los demás cuando le hablan.
(SER) .... comprensivo con los problemas de la gente.
(HABLAR) .... con sinceridad de sus relaciones.
(RESPETAR) .... las opiniones diferentes de las suyas.

USTEDES

(ESCUCHAR) .... atentamente a los demás cuando les hablan.
(SER) .... comprensivos con los problemas de la gente.
(HABLAR) .... con sinceridad de sus relaciones.
(RESPETAR) .... las opiniones diferentes de las suyas.

VOSOTROS/AS

(ESCUCHAR) .... atentamente a los demás cuando os hablan.
(SER) .... comprensivos con los problemas de la gente.
(HABLAR) .... con sinceridad de vuestras relaciones.
(RESPETAR) .... las opiniones diferentes de las vuestras.

aplicación

Ficha 21

EL IMPERATIVO (2): VERBOS IRREGULARES O → UE

4 tema

¿Puedo volver mañana? Es que...

*Sí, claro. **Vuelve** cuando quieras*

¿Recuerdas estos verbos: **volar**, contar, recordar, encontrar, soler, **volver**, morder, morir, dormir? Son verbos irregulares en el presente y también en el imperativo.

PRESENTE	
(Yo)	v**ue**lo
(Tú)	v**ue**las
(Usted)	v**ue**la
(Él/ella)	v**ue**la
(Nosotros/as)	volamos
(Ustedes)	v**ue**lan
(Ellos/as)	v**ue**lan

IMPERATIVO	
vuela	(Tú*)
vuele	(Usted)
vuelen	(Ustedes**)

* En Argentina, Uruguay, Paraguay y otros lugares de Hispanoamérica:

(Vos)	volá

** En casi toda España:

Informal	(Vosotros/as)	volad
Formal	(Ustedes)	**vuelen**

PRESENTE	
(Yo)	v**ue**lvo
(Tú)	v**ue**lves
(Usted)	v**ue**lve
(Él/ella)	v**ue**lve
(Nosotros/as)	volvemos
(Ustedes)	v**ue**lven
(Ellos/as)	v**ue**lven

IMPERATIVO	
vuelve	(Tú*)
vuelva	(Usted)
vuelvan	(Ustedes**)

* En Argentina, Uruguay, Paraguay y otros lugares de Hispanoamérica:

(Vos)	volvé

** En casi toda España:

Informal	(Vosotros/as)	volved
Formal	(Ustedes)	**vuelvan**

1. Forma el imperativo de estos verbos:

	Contar	Recordar	Encontrar
(Tú)			
(Usted)			
(Ustedes)			

2. Forma el imperativo de estos verbos:

	Cocer	Morder
(Tú)		
(Usted)		
(Ustedes)		

	Morir	Dormir
(Tú)		
(Usted)		
(Ustedes)		

3. Completa las formas que faltan:

1. Cuenta .... Cuenten
2. .... Encuentre Encuentren
3. Duerme Duerma ....
4. .... Cueza ....
5. Recuerda ....

4. Forma el imperativo "tú" y "usted" de estos verbos:

Dormir ....

Volver ....

Contar ....

Recordar ....

aplicación

EL IMPERATIVO (3): VERBOS IRREGULARES E → IE

Ficha 22

4 tema

¿*Puedo cerrar la ventana? Es que tengo frío*

Sí, claro, por supuesto. **Ciérrala, ciérrala**

¿Recuerdas estos verbos: **empezar**, pensar, querer, **entender**, preferir, mentir, cerrar, despertar, perder, defender, ascender, preferir? Son verbos irregulares en el presente y también en el imperativo.

PRESENTE	
(Yo)	empiezo
(Tú)	empiezas
(Usted)	empieza
(Él/ella)	empieza
(Nosotros/as)	empezamos
(Ustedes)	empiezan
(Ellos/as)	empiezan

IMPERATIVO	
empieza	(Tú*)
empiece	(Usted)
empiecen	(Ustedes**)

* En Argentina, Uruguay, Paraguay y otros lugares de Hispanoamérica:	
(Vos)	empezá

** En casi toda España:		
Informal	(Vosotros/as)	empezad
Formal	(Ustedes)	**empiecen**

PRESENTE	
(Yo)	entiendo
(Tú)	entiendes
(Usted)	entiende
(Él/ella)	entiende
(Nosotros/as)	entendemos
(Ustedes)	entienden
(Ellos/as)	entienden

IMPERATIVO	
entiende	(Tú*)
entienda	(Usted)
entiendan	(Ustedes**)

* En Argentina, Uruguay, Paraguay y otros lugares de Hispanoamérica:	
(Vos)	entendé

** En casi toda España:		
Informal	(Vosotros/as)	entended
Formal	(Ustedes)	**entiendan**

1. Forma el imperativo de estos verbos:

	Pensar	Cerrar	Despertar
(Tú)			
(Usted)			
(Ustedes)			

2. Forma el imperativo de estos verbos:

	Entender	Defender	Querer
(Tú)			
(Usted)			
(Ustedes)			

	Mentir	Preferir
(Tú)		
(Usted)		
(Ustedes)		

3. Forma el imperativo "tú" y "usted" de estos verbos:

aplicación

Cerrar   ....

Empezar   ....

Entender   ....

Perder   ....

Preferir   ....

Ascender   ....

Tropezar   ....

Tender   ....

Consentir ....

EL IMPERATIVO (4): VERBOS IRREGULARES E → I

4
tema

Repite, por favor, no te he oído

¿Recuerdas estos otros verbos: **repetir**, seguir, servir, corregir, despedir, elegir? Son también irregulares en el presente y en el imperativo.

	PRESENTE
(Yo)	repito
(Tú)	repites
(Usted)	repite
(Él/ella)	repite
(Nosotros/as)	repetimos
(Ustedes)	repiten
(Ellos/as)	repiten

IMPERATIVO	
repite	(Tú*)
repita	(Usted)
repitan	(Ustedes**)

* En Argentina, Uruguay, Paraguay y otros lugares de Hispanoamérica:	
(Vos)	repetí

** En casi toda España:		
Informal	(Vosotros/as)	repetid
Formal	(Ustedes)	**repitan**

1. Forma el imperativo de estos verbos:

	Seguir	Servir	Corregir	Despedir	Elegir
(Tú)					
(Usted)					
(Ustedes)					

2. Forma el imperativo "tú" y "usted" de estos verbos:

Corregir ....

Servir ....

Pedir ....

Ficha 24

EL IMPERATIVO (5): VERBOS IRREGULARES -GO

4 tema

> Buenos días, Sra. Vázquez, **dígame**: ¿qué desea?

> Por favor, **tráigame** la compra enseguida

¿Recuerdas el último grupo de verbos irregulares: **salir**, **poner**, **venir**, **hacer**, **tener**, **caer**, **decir**? Estos verbos tienen una forma muy especial en el imperativo:

		Salir	Poner	Hacer	Tener	Caer	Decir	Traer
Presente	(Yo)	salgo	pongo	hago	tengo	caigo	digo	traigo
Imperativo	(Tú*)	sal	pon	haz	ten	cae	di	trae
	(Usted)	salga	ponga	haga	tenga	caiga	diga	traiga
	(Ustedes*)	salgan	pongan	hagan	tengan	caigan	digan	traigan

---

* En Argentina, Uruguay, Paraguay y otros lugares de Hispanoamérica:

(Vos)	salí	poné	hacé	tené	caé	decí	traé

---

* En casi toda España:

Informal (Vosotros/as)	salid	poned	haced	tened	caed	decid	traed
Formal (Ustedes)	**salgan**	**pongan**	**hagan**	**tengan**	**caigan**	**digan**	**traigan**

aplicación

1. Forma el imperativo de estos verbos:

	TÚ	USTED	VOSOTROS/AS	USTEDES
1. Escribir	....	....	....	....
2. Hacer	....	....	....	....
3. Tener	....	....	....	....
4. Poner	....	....	....	....
5. Salir	....	....	....	....

2. Encuentra siete formas del imperativo:

P	S	E	L	A	S
O	N	M	G	R	A
N	A	P	O	Q	L
G	I	T	I	G	T
A	D	E	G	A	X
N	S	N	A	Y	Z
H	A	G	A	N	D
A	A	A	W	S	I
Z	M	N	E	X	C
X	O	Y	M	N	E
Z	S	O	S	O	S

Escribe las formas. ¿Qué persona es?
Ej.: Sal (tú)

....

....

....

....

....

....

....

3. Ahora completa esta receta, con la persona "tú" y los verbos en paréntesis:

Receta del gazpacho:

(PELAR) .... 2 pepinos, 8 tomates, media cebolla, un diente de ajo.

(MOJAR) .... un trozo de pan en agua. (CORTAR) ....

todas las verduras en trozos, (PONER) .... los trozos en una

batidora y (ECHAR) .... también el trozo de pan y medio vaso de

agua. (AÑADIR) .... 2 cucharadas de aceite, medio vaso de vinagre,

un puñado de sal y cominos. (BATIR) .... esta mezcla hasta obtener

una sopa poco espesa.

aplicación

EL IMPERATIVO (6): VERBOS REFLEXIVOS

¿Puedo quedarme un momento?

Sí, claro, **quédate, quédate**

En español hay algunos verbos reflexivos. Son verbos que tienen un pronombre reflexivo. ¿Los recuerdas?

	Pronombres reflexivos	+ verbo
(Yo)	me	baño
(Tú*)	te	bañas
(Usted)	se	baña
(Él/ella)	se	baña
(Nosotros/as)	nos	bañamos
(Ustedes**)	se	bañan
(Ellos/as)	se	bañan

* En Argentina, Uruguay, Paraguay y otros lugares de Hispanoamérica:
(Vos)   te   bañás

** En casi toda España:
Informal (Vosotros/as)   os bañáis
Formal   (Ustedes)   se bañan

- Aquí tienes un pequeña lista de verbos reflexivos:
Bañarse, lavarse, vestirse, afeitarse, ponerse, sentarse, levantarse, irse, etc.

Y así funcionan en el imperativo:
Verbo + pronombre reflexivo ....

	Verbo + pronombres reflexivos
(Tú*)	**báñate**
(Usted)	**báñese**
(Ustedes**)	**báñense**

* En Argentina, Uruguay, Paraguay y otros lugares de Hispanoamérica:
(Vos)   **bañate**

** En casi toda España:
Informal (Vosotros/as)   **bañaos**
Formal   (Ustedes)   **báñense**

1. Forma el imperativo de estos verbos reflexivos:

	TÚ	USTED	VOSOTROS/AS	USTEDES
1. Bañarse	....	....	....	....
2. Lavarse	....	....	....	....
3. Vestirse	....	....	....	....
4. Afeitarse	....	....	....	....
5. Ponerse	....	....	....	....
6. Sentarse	....	....	....	....
7. Levantarse	....	....	....	....
8. Irse	....	....	....	....

2. Contesta afirmativamente utilizando el imperativo:

Ej.: 1. ¿Puedo sentarme aquí?
    Sí, *siéntate* (tú) / *siéntese* (usted).

2. ¿Te importa si me voy?
    ....

3. ¿Puedo ponerme tu jersey? Tengo mucho frío.
    ....

4. ¿Puedo tomarme un refresco? Es que tengo una sed...
    ....

5. ¿Puedo..........?
    ....

3. Relaciona la forma del imperativo de estos verbos con el pronombre reflexivo correspondiente y pon la tilde cuando sea necesario:

Verbo en imperativo   Pronombre

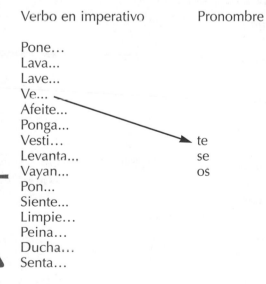

Pone…
Lava…
Lave…
Ve…
Afeite…
Ponga…
Vesti…   te
Levanta…,   se
Vayan…   os
Pon…
Siente…
Limpie…
Peina…
Ducha…
Senta…

aplicación

EL IMPERATIVO CON PRONOMBRES COMPLEMENTO

4 tema

¡Venga, *párala*!

¿Recuerdas los pronombres de objeto directo para las personas él, ella, usted, ellos, ellas, ustedes?

Lo

La

Los

Las

- Cuando van con el imperativo se escriben y se pronuncian en una misma palabra y van después del verbo:

  - *¿Puedo tomar <u>un refresco</u>?*
  - *Sí, claro.* **Tómalo, tómalo.**

- El imperativo se une en muchas ocasiones a dos pronombres y los dos se escriben y se pronuncian en una sola palabra y van después del verbo. En ese caso el pronombre objeto directo va el último.

  - *¿Puedo llevarme <u>al niño</u>?*
  - *Sí, sí, lléva**telo** / lléve**selo**.*

aplicación

1. Responde a estas preguntas:

Ej.: 1. ¿Puedo mandar esta carta?
      Sí, mándala.

2. ¿Puedo comprar el periódico?
   ....

3. ¿Podemos tomar el aperitivo?
   ....

4. ¿Podemos hacer este ejercicio?
   ....

5. ¿Puedo darte un beso?
   ....

6. ¿Podemos comprar manzanas?
....

7. ¿Podemos plantar ya los árboles?
....

8. ¿Puedo calentar el agua?
....

2. Transforma como en el ejemplo:

Ej.: 1. Dame el dinero (a mí).
     Dámelo.

2. Dale el dinero (a él o a ella).
....

3. Danos el dinero (a nosotros).
....

4. Dales el dinero (a ellos/as).
....

3. Escribe las siguientes frases en imperativo añadiendo el pronombre al verbo:

1. (Tú, DAR, a mí) .... un beso.
2. (Tú, PONER, a él) .... la gorra al niño antes de salir de casa.
3. (Usted, DECIR, a nosotros) .... cómo se siente.
4. (Usted, ESCUCHAR, a ellos) .... con toda su atención.
5. (Tú, MIRAR, a mí) .... a los ojos cuando te hablo, por favor.
6. Por favor, (usted, AYUDAR, a nosotros) .... a subir las maletas al tren.

4. Relaciona y construye una frase según el modelo:

1. Dáselo.
2. Córtaselas.
3. Bebéoslo.
4. Póngasela.

a. La chaqueta.
b. El refresco.
c. Un beso.
d. Las uñas.

Ej.: 1. Dáselo: un beso.
     Dale un beso.

....
....
....

aplicación

EL IMPERATIVO DE VERBOS REFLEXIVOS CON PRONOMBRES DE OBJETO DIRECTO

4 tema

¡Perdone!, ¿puedo probarme este pantalón?

*Sí, claro. **Pruébeselo**. Allí está el probador*

Verbo en imperativo	+ pronombre reflexivo	+ pronombre objeto directo
Prueba…		lo
	te…	la
Pruébe…	se…	los
		las

aplicación

1. Contesta a las preguntas:

Ej.: 1. ¿Puedo probarme estos zapatos?
　　　Sí, pruébatelos.

2. ¿Puedo probarme la gabardina?
....

3. ¿Puedo probarme esta chaqueta?
....

4. ¿Puedo probarme este jersey?
....

5. ¿Podemos comernos estos bocadillos?
....

6. ¿Podemos probarnos estas camisas?
....

2. Contesta:

1. ¿Me pongo este vestido para la fiesta?　　.................................
2. ¿Tú qué crees, me afeito la barba?　　.................................
3. ¿Baño ya a la niña?　　.................................
4. ¿Te llevo mañana las fotocopias?　　.................................
5. ¿Les dejo estos libros (a ellos/as)?　　.................................
6. ¿Nos llevamos estas cajas?　　.................................

Ficha 28

USOS DEL IMPERATIVO

4 tema

Dime, ¿qué crees que debo hacer?

*Mira, **habla** con él y **explícaselo***

El imperativo en español se utiliza para:

- **Dar instrucciones:** *Para poner en marcha la máquina, aprieta el botón rojo.*
- **Conceder permiso:** *¿Puedo pasar? Sí, pasa, pasa.*
- **Llamar la atención:** - *Oye, perdona.*
  - *¿Sí?, dime.*
- En situaciones familiares para **pedir cosas:** *Pásame la sal.*

aplicación

1. Aquí tienes unos pequeños diálogos. Complétalos con alguno de los imperativos del cuadro:

haz	encienda	mire	llámame	pasa
siga	pásame	apriete	úsalo	oiga

Ej.: 1. ¿Me dejas pasar, por favor?
   Sí, claro, pasa, pasa.

2. - ¿Puedo llamarte esta noche a las 12? Es que no puedo antes.
   - Sí, claro, ...

3. - ¿Te importa que use tu diccionario un momento?
   - No, no, ...

4. - ...., ¿la calle Doctor Fleming, por favor?
   - .... todo recto y la segunda a la derecha.

5. - ¿La calle Leganitos?
   .... , después de la plaza a la izquierda.

6. Para ponerla en marcha .... la máquina y
   .... este botón.

7. Mamá, ... la sal.

8. - .... tú el café.

   - Bueno, pero entonces tú friegas.

2. No siempre es conveniente usar el imperativo. Según la situación se utiliza esta forma u otras formas. Relaciona:

1. Vas en un avión y quieres pedirle una revista a una señora.

    a. Deme la revista.
    b. Por favor, quiero su revista.
    c. ¿Sería tan amable de dejarme su revista un momentito?

2. Te diriges a una compañera de trabajo. Quieres que cierre la puerta.

    a. Por favor, ¿puedes cerrar la puerta? Es que me molesta el ruido.
    b. ¿Serías tan amable de cerrar la puerta?
    c. Oye, cierra la puerta.

3. Estás cenando con tu madre y le pides que te pase el agua.

    a. Venga, el agua.
    b. Pásame el agua, por favor.
    c. ¿Te importaría pasarme el agua?

4. Quieres la cuenta en un restaurante.

    a. Tráigame la cuenta.
    b. Camarero, la cuenta.
    c. Por favor, ¿me trae la cuenta?

5. Estás con tu hijo en el parque. Quieres que deje su bicicleta a otro niño.

    a. ¿Te importaría dejarle tu bici a este niño?
    b. Anda, ¿por qué no le dejas la bici a este niño?
    c. Déjale la bici a este niño.

6. Quieres que tu jefa te dé un día de vacaciones extra.

    a. Deme un día de vacaciones, por favor.
    b. ¿Le importaría darme un día de vacaciones? Es que tengo un compromiso.
    c. Quiero un día de vacaciones.

aplicación

EL IMPERATIVO NEGATIVO REGULAR E IRREGULAR

4
tema

*Niña, cuidado, **no cruces** con el semáforo en rojo*

VERBOS EN -**AR**	Imperativo afirmativo	Imperativo negativo
(Tú*)	habla	**no hables**
(Usted)	hable	**no hable**
(Ustedes**)	hablen	**no hablen**

VERBOS EN -**ER**	Imperativo afirmativo	Imperativo negativo
come	**no comas**
coma	**no coma**
coman	**no coman**

VERBOS EN -**IR**	Imperativo afirmativo	Imperativo negativo
(Tú*)	escribe	**no escribas**
(Usted)	escriba	**no escriba**
(Ustedes**)	escriban	**no escriban**

* Actualmente el imperativo negativo en las zonas voseantes de América es igual al del "tú", pero todavía hay un fuerte uso coloquial que cambia el acento:

(Vos)	**no hablés**	**no comás**	**no escribás**

** En casi toda España:

Informal	(Vosotros/as)	**no habléis**	**no comáis**	**no escribáis**
Formal	(Ustedes)	**no hablen**	**no coman**	**no escriban**

1. Forma el imperativo negativo de estos imperativos afirmativos:

Ej.: 1. Come muchas verduras.
No comas muchas verduras.

2. Bebe más agua.
....

3. Habla con tus compañeros.
....

4. Escribe cartas a tus amigos.
....

5. Escucha música.
....

6. Lee el periódico.
....

7. Descansa al mediodía.
....

2. Escribe las siguientes prohibiciones en la persona "usted":

3. Aquí tienes estos verbos irregulares en el imperativo. ¿Puedes reconstruir la forma del imperativo negativo en "tú", "usted" y "ustedes"?:

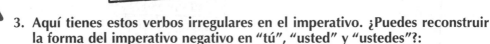

VERBOS EN -AR		
Probar		
	Imperativo afirmativo	Imperativo negativo
(Tú)	prueba	
(Usted)	pruebe	
(Ustedes)	prueben	

VERBOS EN -ER		
Volver		
	Imperativo afirmativo	Imperativo negativo
	vuelve	
	vuelva	
	vuelvan	

VERBOS EN -IR		
Dormir		
	Imperativo afirmativo	Imperativo negativo
	duerme	
	duerma	
	duerman	

VERBOS EN -AR		
Contar		
	Imperativo afirmativo	Imperativo negativo
(Tú)	cuenta	
(Usted)	cuente	
(Ustedes)	cuenten	

VERBOS EN -ER		
Poder		
	Imperativo afirmativo	Imperativo negativo
	puede	
	pueda	
	puedan	

VERBOS EN -IR		
Morir		
	Imperativo afirmativo	Imperativo negativo
	muere	
	muera	
	mueran	

4. ¿Y estos otros verbos?:

VERBOS EN -AR		
	Empezar	
	Imperativo afirmativo	Imperativo negativo
(Tú)	empieza	
(Usted)	empiece	
(Ustedes)	empiecen	

VERBOS EN -ER		
	Entender	
	Imperativo afirmativo	Imperativo negativo
	entiende	
	entienda	
	entiendan	

VERBOS EN -IR		
	Mentir	
	Imperativo afirmativo	Imperativo negativo
	miente	
	mienta	
	mientan	

VERBOS EN -AR		
	Pensar	
	Imperativo afirmativo	Imperativo negativo
(Tú)	piensa	
(Usted)	piense	
(Ustedes)	piensen	

VERBOS EN -ER		
	Querer	
	Imperativo afirmativo	Imperativo negativo
	quiere	
	quiera	
	quieran	

VERBOS EN -IR		
	Preferir	
	Imperativo afirmativo	Imperativo negativo
	prefiere	
	prefiera	
	prefieran	

5. Hay algunos verbos irregulares especiales. Mira cómo se forma el verbo TENER e intenta formar los otros:

TENER	(yo tengo)
ten (tú)	*no tengas*
tenga (usted)	*no tenga*
tengan (ustedes)	*no tengan*

DECIR	(yo digo)
di (tú)	

SALIR	(yo salgo)
sal (tú)	

PONER	(yo pongo)
pon (tú)	

6. Completa el imperativo negativo de los siguientes verbos:

	TÚ	USTED	VOSOTROS	USTEDES
1. Poner	....	....	....	....
2. Hacer	....	No haga	....	....
3. Corregir	No corrijas	....	....	....
4. Seguir	....	....	....	No sigan
5. Cerrar	....	No cierre	No cerréis	....
6. Pensar	No pienses	....	No penséis	....
7. Despertar	....	....	....	....
8. Volver	No vuelvas	....	No volváis	....
9. Recordar	....	....	No recordéis	....
10. Contar	No cuentes	No cuente	....	No cuenten

7. Escribe una frase negativa con cada uno de los verbos anteriores:

Ej.: 1. *Poner   No pongas los pies encima de la mesa (tú).*
   2. Hacer ....
   3. Corregir ....
   4. Seguir..
   5. Cerrar..
   6. Pensar ....
   7. Despertar ....
   8. Volver ....
   9. Recordar ....
  10. Contar..

8. Estas dos personas piensan de manera totalmente diferente. Transforma los siguientes imperativos afirmativos en imperativos negativos:

Dime siempre la verdad

No me digas siempre la verdad

Ej.: 1.

   2. Ve a pasar las vacaciones a Mallorca.
      ....

   3. Visita el Museo de Arte de esta ciudad.
      ....

   4. Dale un beso a Juan.
      ....

   5. Toma el avión para ir a Barcelona.
      ....

   6. Vive y deja vivir.
      ....

   7. Regala algo a tu novio/a el día de San Valentín.
      ....

   8. Deja que los niños crean en los Reyes Magos.
      ....

   9. Ten en cuenta siempre a los demás.
      ....

  10. Sé fiel a tus ideas.
      ....

aplicación

Ficha 30

EL IMPERATIVO NEGATIVO CON PRONOMBRES

4
tema

Pásame la llave de...
*no, **no me la pases** todavía*

En el imperativo negativo los pronombres van delante del verbo y después del negativo NO.

No	+ pronombres		+ verbo
No	me te le = se nos os les = se	+ lo, la, los, las	pases

1. Transforma esta frase en negativo:

aplicación

Ej.: 1. *Póntelos.*
   No te los pongas.

2. Escríbeme pronto.
   ....

3. Llámale antes de salir.
   ....

4. Prueba estos pasteles, están riquísimos.
   ....

5. Quítate el abrigo, hace mucho calor.
   ....

6. Díselo, es mejor.
   ....

7. Explícame qué quieres hacer.
   ....

8. Contadme lo que habéis hecho esta tarde.
   ....

9. Díganme sus nombres y apellidos.
   ....

VERBOS DEFECTIVOS: DOLER

Me duele la cabeza.
Me duelen las piernas

4 tema

(A mí) **Me duele** la cabeza.
(A ti) **Te duele** la cabeza.
(A él / ella / usted) **Le duele** la cabeza.
(A nosotros / as) **Nos duele** la cabeza.
(A vosotros / as) **Os duele** la cabeza.
(A ellos / as / ustedes) **Les duele** la cabeza.

Como puedes ver, el verbo concuerda con el objeto, es decir, con lo que nos duele: *me duele la cabeza*, pero *me duelen las piernas*. Los pronombres personales pueden repetirse; por ejemplo, en una misma frase pueden estar "a mí" y "me".

1. Di lo que les duele a cada una de estas personas:

A mí me duele la cabeza

Ej.: 1.   2. A Carla ....

3. A Charo ....

4. A Sergio ....

2. Relaciona:

1. Me duele la cabeza.
2. Me duele la garganta.
3. Me duele la tripa.
4. Me duelen las muelas.

a. Pues tómate una infusión de manzanilla.
b. Tómate una aspirina.
c. Haz gargarismos.
d. Ve al dentista.

3. En esta canción infantil, *A mi burro*, el médico le manda al burro remedios muy curiosos. Relaciona teniendo en cuenta la rima.

1. A mi burro le duele la cabeza

a. y el médico le manda que no tome cerveza.

2. A mi burro le duelen las orejas

b. y el médico le manda un frasco de pastillas.

3. A mi burro le duele la garganta

c. y el médico le manda beber tila en tazón.

4. A mi burro le duele el corazón

d. y el médico le dice: "¡ay, tú siempre te quejas!".

5. A mi burro le duelen las rodillas

e. y el médico le manda que se compre una manta.

aplicación

EL VERBO "QUERER"

5 tema

La expresión del deseo en español es con el verbo QUERER y puede referirse a un objeto, una cosa o una acción, como se ve en el dibujo de arriba.

Cuando expresamos un deseo propio de realizar una acción utilizamos el verbo **QUERER** en primera persona del **presente** + el **infinitivo**: *quiero fumar*.

1. Relaciona:

1. La vida de Juan es muy monótona.	a. Quieren publicarlo.
2. Mis hermanas acaban de escribir un libro.	b. Quiere comprarse uno nuevo.
3. Aránzazu y Luis se llevan muy mal.	c. Quiere mudarse.
4. La casa de Flor es muy pequeñita.	d. Quiere viajar.
5. Él me habló con sinceridad.	e. Quieren divorciarse.
6. El coche de Alejandro es muy viejo.	f. Quiere arreglar los problemas.

2. Y tú, ¿qué quieres hacer en el futuro próximo? Di cinco cosas:

Quiero ....

....

....

....

....

aplicación

Ficha 33

5 tema

EL PRESENTE DE SUBJUNTIVO REGULAR

*¡Que **seáis** felices!*

EXPRESIÓN DE DESEOS

Para expresar deseos en español utilizamos el presente de subjuntivo, como en la frase de arriba, que en su forma completa es: *(Quiero/Deseo) que seáis felices.* Aquí tienes el esquema del presente de subjuntivo:

	AMAR	BEBER	VIVIR
(Yo)	ame	beba	viva
(Tú)	ames	bebas	vivas
(Él/ella/usted)	ame	beba	viva
(Nosotros/as)	amemos	bebamos	vivamos
(Ustedes*)	amen	beban	vivan
(Ellos/as)	amen	beban	vivan

* En casi toda España:

Informal	(Vosotros/as)	améis	bebáis	viváis
Formal	(Ustedes)	amen	beban	vivan

---

aplicación

1. Estos son los deseos que esta señora tiene para su hija. Completa con la forma correcta del presente de subjuntivo:

1. Quiero que (ESTUDIAR) .... una carrera interesante.
2. No quiero que (VER) .... mucho la televisión.
3. No quiero que (ESCUCHAR) .... música tecno.
4. Quiero que (COMER) .... cosas sanas.
5. Quiero que (SER) .... buena.
6. Quiero que (APRENDER) .... varios idiomas.
7. Quiero que (AYUDAR) .... a tus hermanos.

2. Relaciona las siguientes fórmulas con las ocasiones en que se dicen:

1. ¡Que seáis muy felices!   a. En un cumpleaños.
2. ¡Que cumplas muchos más!   b. En una boda.
3. ¡Que te mejores!   c. Durante una enfermedad.
4. ¡Que te lo pases bien!   d. Antes de un viaje/unas vacaciones.

EL PRESENTE DE SUBJUNTIVO IRREGULAR

¡Quiero **que te duermas** de una vez!

5 tema

También hay algunos verbos que forman el presente de subjuntivo de forma irregular. Aquí tienes los más importantes:

	HACER	VENIR	TENER	PONER
(Yo)	haga	venga	tenga	ponga
(Tú)	hagas	vengas	tengas	pongas
(Él/ella/usted)	haga	venga	tenga	ponga
(Nosotros/as)	hagamos	vengamos	tengamos	pongamos
(Ustedes*)	hagan	vengan	tengan	pongan
(Ellos/as)	hagan	vengan	tengan	pongan

	PODER	DORMIR	IR	CONDUCIR
(Yo)	pueda	duerma	vaya	conduzca
(Tú)	puedas	duermas	vayas	conduzcas
(Él/ella/usted)	pueda	duerma	vaya	conduzca
(Nosotros/as)	podamos	durmamos	vayamos	conduzcamos
(Ustedes*)	puedan	duerman	vayan	conduzcan
(Ellos/as)	puedan	duerman	vayan	conduzcan

* En casi toda España:

Informal	(Vosotros/as)	hagáis	vengáis	tengáis	pongáis
		podáis	durmáis	vayáis	conduzcáis
Formal	(Ustedes)	hagan	vengan	tengan	pongan
		puedan	duerman	vayan	conduzcan

aplicación

1. Estos son los deseos que todos tenemos para que el mundo sea mejor. Completa con la forma correcta del presente de subjuntivo:

1. Quiero que ciertos países no (PRODUCIR) .... armas.

2. Quiero que los conductores (CONDUCIR) .... de forma responsable.

3. Quiero que los Reyes Magos (VENIR) .... a dejar regalos a todos los niños del mundo.

4. Quiero que los gobiernos (PONER) .... remedio al hambre en el mundo.

5. Quiero que todas las personas (PODER) .... tener un trabajo digno.

6. Quiero que todos los niños del mundo (IR) .... a la escuela.

7. Quiero que los países pobres (TENER) .... menos catástrofes naturales.

2. Relaciona las siguientes fórmulas con las ocasiones en que se dicen:

1. ¡Que tengáis un buen viaje!
2. ¡Que duermas bien!
3. ¡Que sueñes con los angelitos!
4. ¡Que tengas suerte!

a. Antes de irse a dormir.
b. Antes del comienzo de un viaje.
c. Antes de hacer un examen.
d. A un niño antes de irse a dormir.

3. Descubre siete formas del presente de subjuntivo y di a qué persona corresponden:

F	K	J	H	A	D	L	F	M	X	A	D
B	C	L	G	V	E	T	T	A	V	X	C
P	O	N	G	A	I	S	T	D	Z	D	O
R	E	L	L	Y	O	M	N	E	C	M	N
T	L	O	L	A	X	X	U	U	R	Y	D
M	B	D	K	M	Y	Z	W	P	S	H	U
T	F	H	M	O	R	S	T	Y	U	O	Z
D	O	P	Q	S	A	G	A	H	V	U	C
H	T	E	N	G	A	N	Z	B	W	T	A

Ej.: Tenga (usted)

....

....

....

....

EXPRESIONES DE SENTIMIENTO + VERBOS EN SUBJUNTIVO

5 tema

¡Me molesta **que** te vistas *así!*

Para expresar sentimientos o para reaccionar ante algunos hechos, también utilizamos el presente de subjuntivo, siempre dependiendo de algunos verbos: **me gusta que…, me molesta que…, me encanta que…, me pone nervioso que**, etc.

1. Transforma las siguientes frases reaccionando con "Me molesta que…", "Me horroriza que…", "Me disgusta que…", etc.

Ej.: 1. Cada día mueren de hambre 20.000 niños.
   Me horroriza que cada día mueran de hambre 20.000 niños.

2. En España la gente todavía fuma mucho en lugares públicos.
....

3. Cada día existen más organizaciones humanitarias.
....

4. Madrid tiene mucha contaminación atmosférica.
....

5. La tradición de los Reyes Magos es muy fuerte en España.
....

6. Aún no se ha descubierto ningún remedio contra el sida.
....

7. En Nueva York puedes entenderte en español en casi todas partes.
....

8. La ciencia está avanzando mucho en el tema de la clonación.
....

9. En las grandes capitales las diferencias sociales son enormes.
....

10. En Londres hay una gran mezcla racial.
....

aplicación

2. María está muy enamorada de Xoan y todo lo que hace Xoan le parece estupendo. Aquí tienes las cosas que hace Xoan y sólo tienes que completar la reacción de María:

Las cosas buenas de Xoan:

Xoan juega al tenis.
Xoan es cinturón negro de judo.
Xoan tiene un coche muy antiguo.
Xoan vive en una casa en el campo.

Lo que dice María:

1. Me encanta que Xoan .... al tenis.
2. Me gusta que Xoan .... cinturón negro de judo.
3. Me entusiasma que Xoan .... un coche muy antiguo.
4. Me vuelve loca que Xoan .... en una casa en el campo.

Pero Xoan también tiene algunos defectos:

Xoan bebe ocho cafés al día.
Xoan conduce rápido.
Xoan ve todos los partidos de fútbol.
Xoan está loco por los ordenadores.

Y María dice:

5. Me molesta que Xoan .... ocho cafés al día.
6. Me horroriza que Xoan .... rápido.
7. Me pone enferma que Xoan .... todos los partidos de fútbol.
8. Me disgusta que Xoan .... loco por los ordenadores.

aplicación

Ficha 36

PONERSE

¡*Me pongo* nerviosa cuando veo al Lobo Feroz!
Sí, el Lobo Feroz *me pone* nerviosa

5
tema

Cuando queremos expresar la transición a un estado de ánimo utilizamos el verbo **PONERSE** + **adjetivo**: *me pongo nerviosa, me pongo triste*. Por ejemplo, Caperucita se pone nerviosa cuando ve al Lobo Feroz. Es decir, el Lobo Feroz la pone nerviosa, el Lobo Feroz le causa esa reacción.

1. Observa estas frases:

Me pongo contenta cuando llega el verano. *El verano me pone contenta.*

Me pongo triste cuando voy al cementerio. *Los cementerios me ponen triste.*

Te pones nervioso cuando ves el fútbol. *El fútbol te pone nervioso.*

Se pone nerviosa cuando recibe una carta. *Recibir cartas la pone nerviosa.*

Ahora transforma estas frases de la misma manera:

1. Me pongo melancólica cuando llueve.
....

2. Te pones triste cuando es domingo por la tarde.
....

3. Me pongo enferma cuando veo injusticias.
....

4. Ana se pone de buen humor cuando escucha ópera.
....

5. Me pongo colorado cuando hablo en público.
....

aplicación

5
tema

¡OJALÁ!

> No llueve desde hace dos meses.
> **Ojalá llueva** hoy

¡OJALÁ! se utiliza en español para la expresión del deseo.
Esta palabra proviene del árabe y significa "Alá quiera/Dios quiera".
¡OJALÁ! siempre lleva detrás subjuntivo: *Ojalá llueva – Ojalá tengamos un buen fin de semana*.

1. Escribe frases con "¡ojalá!" de acuerdo a estos deseos:

Ej.: 1. Haber buenas noticias de la operación de Carlos.
    ¡Ojalá haya buenas noticias de la operación de Carlos!

2. Tener (nosotros) un buen viaje.
....

3. (Juan) aprobar el examen.
....

4. No estallar la guerra en ese país.
....

5. No haber accidentes en la carretera este fin de semana.
....

6. (Silvia) enamorarse de mí.
....

7. (María) tener un buen parto.
....

8. Haber una buena película en la televisión esta noche.
....

9. Encontrar (ustedes) entradas para el teatro.
....

10. No despertarse (el niño) muchas veces esta noche.
....

11. Haber menos paro el año próximo.
....

12. Hacer buen tiempo este fin de semana.
....

13. Vender (vosotros) muchos libros.
....

14. Pasar (tú) unas felices vacaciones.
....

Ficha 38

PARECERSE A... LLEVARSE BIEN / MAL CON

> Yo **no me parezco nada** a mi hermano,
> pero **me llevo muy bien** con él

5 tema

En español utilizamos el verbo **PARECERSE A...** para expresar las similitudes físicas o de carácter entre personas. Por ejemplo: *Juan se parece a Elena, pero Raquel y Alfonso no se parecen en nada.*
LLEVARSE BIEN / MAL (con alguien) se utiliza para expresar si tenemos una buena relación con alguien o su carácter va bien con el nuestro.

1. Di si estas personas se llevan bien o se llevan mal:

Ej.: 1.

> Me encanta Ángel, tiene un carácter
> estupendo. Y lo pasamos muy bien juntos

Se llevan bien.

aplicación

2.

> Raimundo y yo no conectamos.
> ¡Somos tan diferentes!

....

3.

> Arantxa y yo tenemos muchas
> cosas en común

....

4.

....

5.

....

6.

....

aplicación

2. Relaciona los adjetivos contrarios:

1. Extrovertido/a
2. Antipático/a
3. Alegre
4. Sociable
5. Maduro/a
6. Trabajador/-a
7. Sincero/a ⟶
8. Tierno/a
9. Callado/a
10. Superficial
11. Optimista

a. Profundo/a
b. Hablador/-a
c. Triste
d. Vago/a
e. Pesimista
f. Duro/a
g. Mentiroso/a
h. Simpático/a
i. Poco sociable
j. Introvertido/a
k. Inmaduro/a

3. Di si estas personas se parecen o no se parecen.

Ej.: 1. Nuria:
    Es extrovertida y habladora.
    Enrique:
    Es tímido y callado.

    Nuria y Enrique no se parecen en nada.

2. Felipe:
    Es mandón y seco.
    Pedro:
    Es autoritario y antipático.
    ....

3. Catalina:
    Es simpática y alegre.
    Marcia:
    Es agradable y risueña.
    ....

4. Rosa:
    Es rubia, de ojos azules.
    Carmen:
    Es morena, de ojos negros.
    ....

5. Valeria:
    Es tierna y sensible.
    Lucía:
    Es dura y fría.
    ....

aplicación

CLAVES DEL LIBRO DE REFERENCIA
Planet@ 2

TEMA 1

FICHA 1:

1. 1. hablaba. 2. cantaban. 3. corríamos. 4. hacías. 5. escribía. 6. ponían. 7. pensaba. 8. eras. 9. decíamos. 10. volvían. 11. ibais. 12. veía. 13. amabais. 14. tenían.

2. Vivía con mis padres en una casa con jardín. Al lado de la casa había un parque con juegos para niños. Allí me encontraba todas las tardes con mis amigos y jugábamos. Por las mañanas iba al colegio con mi hermana. Me gustaban mucho las clases, porque eran alegres y hacíamos actividades muy interesantes con nuestra profesora. La profesora se llamaba Pilar y nos quería mucho. Los fines de semana salía con mis padres a pasear por la montaña, y en verano nos bañábamos en el río.

3. Ejercicio de respuesta abierta.

FICHA 2:

1. Quiso (él/ella/usted), Pudo (él/ella/usted), Pusiste (tú), Puso (él/ella/usted), Quise (yo), Pusimos (nosotros), dijo (él/ella/usted).

2. Decir la verdad/mi opinión. Poner el lavavajillas/la televisión muy alta/el libro sobre la mesa. Poder hablar, por fin, con él por la noche. Querer ese trabajo y conseguirlo.

3. 2. Ayer puse la mesa en el jardín. 3. Ayer/la semana pasada no pude hablar con el director. 4. Ayer quise verte, pero… 5. ¿No le dijiste a Ramón lo de la fiesta? 6. ¿No pusieron (todavía) el horario? 7. ¿(Todavía) no pudiste hablar con ella? 8. Quisieron regalarme un coche, pero dije que no. 9. Él puso las cosas en orden. 10. No pudo explicar la historia. 11. Vosotros llegasteis tarde a clase. 12. Ustedes me trataron muy bien.

4. 2. tuve. 3. pude. 4. tuve. 5. Estuviste. 6. puse.

FICHA 3:

1. 2. Fui, Había, era. 3. me quedé. 4. me encontraba, me quedé. 5. salimos, nos fuimos. 6. tenía, salimos, nos fuimos, estábamos, queríamos.

2. Sugerencias de posibles combinaciones:
2 - f; 3 - d; 4 - a; 5 - b; 6 - h; 7 - c; 8 - g.
Como hacía calor, fui a la piscina./Fui a la piscina porque hacía calor.
Como estaba de vacaciones, viajé al extranjero./Viajé al extranjero porque estaba de vacaciones.
Como me encontraba mal, fui al médico./Fui al médico porque me encontraba mal.
Como no tenía dinero, fui al banco./Fui al banco porque no tenía dinero.
Como estaba aburrido, fui a dar un paseo./Fui a dar un paseo porque estaba aburrido.
Como estaba solo en casa, llamé a unos amigos./Llamé a unos amigos porque estaba solo en casa.
Como no tenía nada en la nevera, fui a cenar fuera./Fui a cenar fuera porque no tenía nada en la nevera.
Como ponían una película muy buena en la televisión, me quedé en casa./Me quedé en casa porque ponían una película muy buena en la televisión.

3. Ayer estaba en la ducha y, de repente, entró un ladrón en el cuarto de baño.
Ayer estaba en la ducha y, de repente, se terminó el agua caliente.
Ayer estaba en la ducha y, de repente, se metió el gato en la ducha.
Ayer estaba en la ducha y, de repente, me acordé de una cita muy importante.

Ayer estaba en la ducha y, de repente, se apagó la luz del cuarto de baño.
Ayer estaba en la ducha y, de repente, escuché ruidos extraños en la cocina.

FICHA 4:
1. 1. pesaba. 2. bebía. 3. hacía. 4. estaba.
2. 1. vivía solo. 2. comía mucho. 3. vivían en el campo.
3. Ejercicio de respuesta abierta.
4. Ejercicio de respuesta abierta.

FICHA 5:
1. 2. sigue estudiando. 3. sigue nadando. 4. la sigo escribiendo/sigo escribiéndola. 5. sigo leyéndolo. 6. sigue llorando. 7. la seguimos construyendo/seguimos construyéndola. 8. siguen construyendo.
2. 2. ¿Sigues viviendo en Montevideo? 3. Sigo teniendo tu foto. 4. ¿Sigues trabajando en el mismo sitio? 5. Me sigue doliendo la cabeza. 6. Sigo teniendo hambre. 7. ¿Sigues escribiendo a mano? 8. ¿Sigues viviendo con tus padres?
3. 2. No, ya no voy. 3. No, ya no estoy enfadado contigo./No, ya no lo estoy. 4. No, ya no vivo ahí/en la misma casa.
4. 2. ¿Todavía vas al Café Central todos los viernes? 3. ¿Todavía estás enfadado conmigo? 4. ¿Todavía vives en la misma casa?

FICHA 6:
1. 2. Ha dejado de comer. 3. Ha dejado de hacer deporte. 4. Ha dejado de salir con sus amigas. 5. Ha dejado de leer libros. 6. Ha dejado de ir a clases de ajedrez. 7. Ha dejado de ir a exposiciones de arte. 8. Ha dejado de pensar en el Príncipe Azul.
2. Ejercicio de respuesta abierta.

FICHA 7:
1. 1 - c; 2 - a; 4 - e; 5 - b.
2. 2. Vuelvo a casarme con Alejandro. 3. Vuelves a llegar tarde. 4. Vuelvo a ir a Chile. 5. Vuelvo a tropezar con la misma piedra. 6. Volvemos a tener el mismo problema con el coche. 7. ¿Habéis vuelto a ver *Blade Runner*? 8. ¡Te has vuelto a olvidar las llaves!/¡Has vuelto a olvidarte las llaves! 9. Has vuelto a ganar el premio. 10. ¡Bien! Nos ha vuelto a tocar la lotería.

FICHA 8:
1. 1 - c; 2 - d; 3 - b; 4 - a.
2. 2. Frank no tiene tiempo de ir a clase, y por eso estudia español escuchando cintas en el coche. 3. Alessandra y Giovanna tienen novios españoles, así que estudian español juntas. 4. A Françoise no le gusta aprender idiomas, y por eso no estudia español.
3. 2. Frank estudia español escuchando cintas en el coche para ahorrar tiempo. 3. Alessandra y Giovanna estudian español para entenderse con sus novios.
4. Ejercicio de respuesta abierta.
5. 2. Como la vida está muy complicada hoy en día, no vamos a tener más hijos. 3. Como Ricardo quiere tener libertad para viajar toda su vida, no se casa. 4. Como tenéis muy buenos conocimientos, no tenéis que hacer el examen. 5. Como Luisa tiene un compromiso, no va a venir a la excursión.
6. 2. La vida está muy complicada hoy en día, así que/por eso no vamos a tener más hijos. 3. Ricardo quiere tener libertad para viajar toda su vida, así que/por eso no se casa. 4. Vosotros tenéis muy buenos conocimientos, así que/por eso no tenéis que hacer el examen. 5. Luisa tiene un compromiso, así que/por eso no va a venir a la excursión.

TEMA 2

FICHA 9:
  1. Ejercicio de respuesta abierta.
  2. a. No se puede fumar. b. No se puede sacar fotos. c. Se puede cruzar la calle. d. No se puede adelantar. e. Se puede adelantar.
  3. 2. Tienes que pasar la aspiradora. 3. Tengo que limpiar el polvo. 4. Teresa y Raimundo/ellos tienen que regar las plantas. 5. Luz y yo/nosotros(as) tenemos que poner la lavadora. 6. Tú y Mara/vosotros(as) tenéis que limpiar los cristales
  4. Ejercicio de respuesta abierta.

FICHA 10:
  1. a. tienes que regar las plantas. c. tienes que poner la lavadora. d. tienes que tender la ropa. e. tienes que barrer la casa. f. tienes que hacer la comida. g. tienes que llamar por teléfono a tu madre.
  2. b. tiene que hacer las camas. c. tiene que ordenar la librería. d. tiene que fregar el suelo del baño.
  3. Ejercicio de respuesta abierta.

FICHA 11:
  1. 2 - c; 3 - b; 4 - a.
  2. 2. El mío también. 3. Los míos también. 4. El nuestro también. 5. Los nuestros también.
  3. a. su, sus. b. mis, Mi, mi, mi, su. c. mi, mío.
  4. Ejercicio de respuesta abierta.

FICHA 12:
  1. 1. estudié, terminé, fui. 2. estudié, trabajaba, ayudaba, tenía, terminé, fui, se dedicaba, aprendí. 3. Empecé. 4. Empecé, hacía, enviaba y recibía, recibía. 5. estuve, me fui. 6. estuve, trabajaba, se dedicaba, me fui, daba. 7. Estudié, participaba, salía, iba, tenía.

FICHA 13:
  1. 1. Estudió. 2. estuvo estudiando. 3. Trabajó. 4. Estuvo trabajando.
  2. Ejercicio de respuesta abierta.

TEMA 3

FICHA 14:
  1. Estábamos en un río, estábamos bañándonos y nos quitaron la ropa. Tenía problemas con su novia, estaba pasándolo mal y se enamoró de otra. Quería encontrar trabajo, estaba leyendo el periódico y vio una oferta muy interesante. Tenía hambre, estaba preparando la cena y se le acabó el gas. Tenía sueño, estaba viendo la tele y se durmió. Estaba muy nervioso, estaba tomando mucho café y le dio un ataque de nervios.
  2. 1. Estábamos, estábamos, vinieron. 2. estaba, estaba leyendo, llamaron. 3. Estaba, estaba pensando, estaba tomando, vino, se sentaron. 4. tenía, me sentía, estaba pensando. 5. tenía, tenía, quería, estaba pensando, le tocó.
  3. Ejercicio de respuesta abierta.

FICHA 15:

1. 2. Llevas toda la mañana diciéndome que no quieres hacer ese trabajo. 3. ¡Oiga, camarero! Llevamos media hora esperando la comida. 4. Llevo mucho tiempo pensando que tengo que cambiar de vida. 5. Están hartos: llevan tres cuartos de hora esperando para hablar con la Sra. Martínez.

2. 2. Cuando se fueron a comer llevaban seis horas trabajando. 3. Cuando a Pedro le salió un trabajo en Brasil llevaba siete años aprendiendo portugués. 4. Cuando Nati pasó en coche por la parada, yo llevaba esperando el autobús media hora. 5. Cuando me fui a vivir con mi pareja llevaba ocho años viviendo sola. 6. Cuando echaron a Rosa de la universidad llevaba cuatro años trabajando allí. 7. Cuando se vinieron unos amigos a vivir con nosotras llevábamos tres meses viviendo en el campo. 8. Cuando dejó de estudiar llevaba ocho años estudiando. 9. Cuando se trasladó a San Francisco llevaba seis meses viviendo en Nueva York.

3. Ejercicio de respuesta abierta.

FICHA 16:

1. 2. Estamos a punto de salir y suena el teléfono, ¡qué pesadez! 3. Ya he hecho casi todo el trabajo: estoy a punto de terminar. 4. ¿No te importa llamarme más tarde? Estoy a punto de empezar a comer. 5. Le voy a dar mi nueva dirección: estoy a punto de cambiarme de piso. 6. Date prisa, el avión está a punto de salir. 7. Este niño está a punto de echarse a andar. 8. Ahora sale la Sra. Rodríguez. La reunión está a punto de terminar. 9. Hace un calor espantoso. Estoy a punto de desmayarme. 10. Mariana está en el noveno mes de embarazo. Yo creo que el niño está a punto de nacer. 11. Hay muchas nubes en el cielo. Está a punto de empezar a llover.

2. 2 - e; 3 - b; 4 - a; 5 - c.

3. 2. ¡Vamos! El tren va a salir enseguida/ahora mismo/de un momento a otro/en unos instantes/dentro de poco. 3. Yo creo que Daniela y Lucas van a tener una buena discusión enseguida/ahora mismo/de un momento a otro/en unos instantes/dentro de poco.

FICHA 17:

1. 1 - e; 2 - c; 3 - b; 4 - a; 5 - d.

2. 2. Anteayer María se puso a llorar en el examen de matemáticas porque estaba muy nerviosa. 3. Ayer cuando le pregunté a Manuel por su mujer se puso a hablar de su familia. 4. Cuando le dije a Elena que no podía ir a la fiesta se puso a gritarme. 5. Cuando Javier ha sabido esta mañana que le ha tocado la lotería se ha puesto a cantar.

FICHA 18:

1. 2. Las. 3. los, los. 4. La. 5. las. 6. lo. 7. lo. 8. la. 9. la. 10. los.

2. 2. La (la estrella). 3. las, las, las (las llaves). 4. Las, las (las gafas). 5. lo (el pantalón).

3. 1. He quedado con Lucía esta mañana: la he llamado por teléfono y he quedado con ella. Hemos estado hablando mucho rato: la han contratado en una empresa de publicidad, está muy contenta con el trabajo. Pero tiene problemas porque van a echarla de la casa en la que vive; me ha dicho que quieren vender todo el edificio para construir oficinas.

2. No me gustan los teléfonos móviles, todo el mundo los tiene y los lleva encima: por la calle, en el coche… ¡hasta en el cine! Estamos en la era de los teléfonos móviles: estás hablando con alguien y, de pronto, suena. Entonces, la persona lo saca y se pone a hablar y tú te quedas ahí esperando… ¡Es increíble! O estás en un restaurante, se oye "¡riiiiinng!" y varias personas lo buscan en el bolsillo, en la cartera, y lo sacan para ver si es el suyo el que suena.

FICHA 19:

1. Ejercicio de respuesta abierta.

2. 2. me la. 3. me las. 4. me lo. 5. me lo. 6. me lo. 7. me la. 8. me la.
3. Ejercicio de respuesta abierta.
4. 2. nos la. 3. nos las. 4. nos lo. 5. nos lo. 6. nos lo. 7. nos la. 8. nos la.
5. Ejercicio de respuesta abierta.

TEMA 4

FICHA 20:

1. Hablar: habla, hable, hablen. Trabajar: trabaja, trabaje, trabajen. Beber: bebe, beba, beban. Subir: sube, suba, suban. Escribir: escribe, escriba, escriban.
2. 2. llama (tú)/llame (usted). 3. léelo (tú)/léalo (usted). 4. escríbelo (tú)/escríbalo (usted). 5. utilízalo (tú)/utilícelo (usted). 6. come (tú)/coma (usted).
3. 2. Abre. 3. Escriba. 4. Lea. 5. Escucha. 6. Pasee. 7. Dibuja. 8. Pregunta. 9. Comprenda. 10. Mira.
4. 2. responde, responda. 3. canta, cante. 4. escribe, escriba. 5. vende, venda. 6. compra, compre. 7. sube, suba.
5. Anda (tú), vive (tú), ande (usted), escuche (usted), dibuje (usted), preguntad (vosotros/as), hablen (ustedes), hable (usted), pregunte (usted), beba (usted), abre (tú), bebed (vosotros/as), escriba (usted), bebe (tú), beban (ustedes), subid (vosotros/as), toma (tú).
6. TÚ: Escucha, Sé, Habla, Respeta. USTED: Escuche, Sea, Hable, Respete. USTEDES: Escuchen, Sean, Hablen, Respeten. VOSOTROS: Escuchad, Sed, Hablad, Respetad.

FICHA 21:

1. Contar: cuenta, cuente, cuenten. Recordar: recuerda, recuerde, recuerden. Encontrar: encuentra, encuentre, encuentren.
2. Soler: suele, suela, suelan. Morder: muerde, muerda, muerdan.
3. 1. Cuente. 2. Encuentra. 3. Duerman. 4. Cuece, Cuezan. 5. Recuerde, Recuerden.
4. Dormir: duerme, duerma. Volver: vuelve, vuelva. Contar: cuenta, cuente. Recordar; recuerda, recuerde.

FICHA 22:

1. Pensar: piensa, piense, piensen. Cerrar: cierra, cierre, cierren. Despertar: despierta, despierte, despierten.
2. Entender: entiende, entienda, entiendan. Defender: defiende, defienda, defiendan. Querer: quiere, quiera, quieran. Mentir: miente, mienta, mientan. Preferir: prefiere, prefiera, prefieran.
3. Cerrar: cierra, cierre. Empezar: empieza, empiece. Entender: entiende, entienda. Perder: pierde, pierda. Preferir: prefiere, prefiera. Ascender: asciende, ascienda. Tropezar: tropieza, tropiece. Tender: tiende, tienda. Consentir: consiente, consienta.

FICHA 23:

1. Seguir: sigue, siga, sigan. Servir: sirve, sirva, sirvan. Corregir: corrige, corrija, corrijan. Despedir: despide, despida, despidan. Elegir: elige, elija, elijan.
2. Corregir: corrige, corrija. Servir: sirve, sirva. Pedir: pide, pida.

FICHA 24:

I. 1. Escribir: escribe, escriba, escribid, escriban. 2. Hacer: haz, haga, haced, hagan. 3. Tener: ten, tenga, tened, tengan. 4. Poner: pon, ponga, poned, pongan. 5. Salir: sal, salga, salid, salgan.

2.

Word search grid:
```
P  S  E  L  A  S
O  N  M  G  R  A
N  A  P  O  Q  L
G  I  T  I  G  T
A  D  E  G  A  X
N  S  N  A  Y  Z
H  A  G  A  N  D
A  A  A  W  S  I
Z  M  N  E  X  C
X  O  Y  M  N  E
Z  S  O  S  O  S
```

3. Pela, Moja, Corta, pon, echa, Añade, Bate.

FICHA 25:

1. Bañarse: báñate, báñese, bañaos, báñense. Lavarse: lávate, lávese, lavaos, lávense. Vestirse: vístete, vístase, vestíos, vístanse. Afeitarse: aféitate, aféitese, afeitaos, aféitense. Ponerse: ponte, póngase, poneos, pónganse. Sentarse: siéntate, siéntese, sentaos, siéntense. Levantarse: levántate, levántese, levantaos, levántense. Irse: vete, váyase, idos, váyanse.

2. 2. No, vete (tú)/váyase (usted).
3. Sí, póntelo (tú)/póngaselo (usted).
4. Sí, tómalo (tú)/tómelo (usted).

3. Poneos, Lávate, Lavaos, Lávese, Vete, Aféitese, Póngase, Vestíos, Levántate, Levantaos, Váyanse, Ponte, Siéntete, Siéntese, Límpiese, Peínate, Peinaos, Dúchate, Duchaos, Sentaos.

FICHA 26:

1. 2. Sí, cómpralo. 3. Sí, tomadlo. 4. Sí, hacedlo. 5. Sí, dámelo. 6. Sí, compradlas. 7. Sí, plantadlos. 8. Sí, caliéntala.
2. 2. Dáselo. 3. Dánoslo. 4. Dáselo.
3. 1. Dame. 2. Ponle. 3. Díganos. 4. Escúcheles. 5. Mírame. 6. ayúdenos.
4. 2 - d; 3 - b; 4 - a.
2. Córtale las uñas. 3. Bebeos el refresco. 4. Póngase la chaqueta.

FICHA 27:

1. 2. Sí, prúebatela (tú)/pruébesela (usted). 3. Sí, prúebatela (tú)/pruébesela (usted). 4. Sí, pruébatelo (tú)/pruébeselo (usted). 5. Sí, coméoslos (vosotros/as)/cómanselos (ustedes). 6. Sí, probáoslas (vosotros/as)/pruébenselas (ustedes).
2. 1. Sí, póntelo (tú). 2. Sí, aféitatela (tú). 3. Sí, báñala (tú). 4. Sí, llévamelas (tú). 5. Sí, déjaselos (tú). 6. Sí, lleváoslas (vosotros/as).

FICHA 28:

1. 2. llámame. 3. úsalo. 4. Oiga, Siga. 5. Mire. 6. encienda, apriete. 7. pásame. 8. Haz.
2. 1 - c; 2 - a; 3 - b; 4 - c; 5 - b; 6 - b.

FICHA 29:
1. 2. No bebas más agua. 3. No hables con tus compañeros. 4. No escribas cartas a tus amigos. 5. No escuches música. 6. No leas el periódico. 7. No descanses al mediodía.
2. No cruce la calle. No adelante. No fume. No conduzca a más de 60 km./hora./No supere los 60 kilómetros por hora.
3. Probar: no pruebes, no pruebe, no prueben. Volver: no vuelvas, no vuelva, no vuelvan. Dormir: no duermas, no duerma, no duerman. Contar: no cuentes, no cuente, no cuenten. Poder: no puedas, no pueda, no puedan. Morir: no mueras, no muera, no mueran.
4. Empezar: no empieces, no empiece, no empiecen. Entender: no entiendas, no entienda, no entiendan. Mentir: no mientas, no mienta, no mientan. Pensar: no pienses, no piense, no piensen. Querer: no quieras, no quiera, no quieran. Preferir: no prefieras, no prefiera, no prefieran.
5. Decir: diga (usted), digan (ustedes), no digas (tú), no diga (usted), no digan (ustedes). Salir: salga (usted), salgan (ustedes), no salgas (tú), no salga (usted), no salgan (ustedes). Poner: ponga (usted), pongan (ustedes), no pongas (tú), no ponga (usted), no pongan (ustedes).
6. 1 Poner: No pongas, No ponga, No pongáis, No pongan. 2. Hacer: No hagas, No hagáis, No hagan. 3. Corregir: No corrija, No corrijáis, No corrijan. 4. Seguir: No sigas, No siga, No sigáis. 5. Cerrar: No cierres, No cierren. 6. Pensar: No piense, No piensen. 7. Despertar: No despiertes, No despierte, No despertéis, No despierten. 8. Volver: No vuelva, No vuelvan. 9. Recordar: No recuerdes, No recuerde, No recuerden. 10. Contar: No contéis.
7. Ejercicio de respuesta abierta.
8. 2. No vayas a pasar las vacaciones a Mallorca. 3. No visites el Museo de Arte de esta ciudad. 4. No le des un beso a Juan. 5. No tomes el avión para ir a Barcelona. 6. Vive y no dejes vivir. 7. No le regales nada a tu novio/a el día de San Valentín. 8. No dejes que los niños crean en los Reyes Magos. 9. No tengas en cuenta siempre a los demás. 10. No seas fiel a tus ideas.

FICHA 30:
1. 2. No me escribas pronto. 3. No le llames antes de salir. 4. No los pruebes, están malísimos. 5. No te lo quites, hace mucho frío. 6. No se lo digas, es mejor. 7. No me lo expliques. 8. No me lo contéis. 9. No me los digan.

FICHA 31:
1. 2. A Carla le duele la tripa. 3. A Charo le duele la garganta. 4. A Sergio le duele la pierna.
2. 1 - b; 2 - c; 3 - a; 4 - d.
3. 1 - a; 2 - d; 3 - e; 4 - c; 5 - b.

TEMA 5

FICHA 32:
1. 1 - d; 2 - a; 3 - e; 4- c; 5 - f; 6 - b.
2. Ejercicio de respuesta abierta.

FICHA 33:
1. 1. estudies. 2. veas. 3. escuches. 4. comas. 5. seas. 6. aprendas. 7. ayudes.
2. 1 - b; 2 - a; 3 - c; 4 - d.

FICHA 34:
1. 1. produzcan. 2. conduzcan. 3. vengan. 4. pongan. 5. puedan. 6. vayan. 7. tengan.
2. 1 - b; 2 - a; 3 - d; 4 - c.

3.

Pongais (vosotros/as), vayamos (nosotros/as), pueda (yo/él/ella/usted), conduzca (él/ella/usted), hagas (tú), tengan (ellos (as)/ustedes).

FICHA 35:

1. 2. Me digusta/horroriza/molesta que en España la gente fume mucho en lugares públicos. 3. Me encanta/gusta/alegra que cada día existan más organizaciones humanitarias. 4. Me disgusta/horroriza/molesta que Madrid tenga mucha contaminación atmosférica. 5. Me encanta/gusta/alegra que la tradición de los Reyes Magos sea muy fuerte en España. 6. Me disgusta/horroriza/molesta que aún no se haya descubierto ningún remedio contra el sida. 7. Me encanta/gusta/alegra que en Nueva York te puedas entender en español en casi todas partes. 8. Me horroriza/disgusta (o me encanta/alegra) que la ciencia esté avanzando mucho en el tema de la clonación. 9. Me horroriza/disgusta/molesta que en las grandes capitales las diferencias sociales sean enormes. 10. Me encanta/gusta/alegra que en Nueva York haya una gran mezcla racial.

2. 1. juegue. 2. sea. 3. tenga. 4. viva. 5. beba. 6. conduzca. 7. vea. 8. esté.

FICHA 36:

1. 1. La lluvia me pone melancólica. 2. El domingo por la tarde/la tarde del domingo te pone triste. 3. Las injusticias me ponen enferma. 4. A Ana le pone de buen humor escuchar ópera. 5. Hablar en público me pone colorado.

FICHA 37:

1. 2. ¡Ojalá tengamos un buen viaje! 3. ¡Ojalá Juan apruebe el examen! 4. ¡Ojalá no estalle la guerra en ese país! 5. ¡Ojalá no haya accidentes en la carretera este fin de semana! 6. ¡Ojalá Silvia se enamore de mí! 7. ¡Ojalá María tenga un buen parto! 8. ¡Ojalá haya una buena película en la televisión esta noche! 9. ¡Ojalá encuentren entradas para el teatro! 10. ¡Ojalá el niño no se despierte muchas veces esta noche! 11. ¡Ojalá haya menos paro el año próximo! 12. ¡Ojalá haga buen tiempo este fin de semana! 13. ¡Ojalá vendáis muchos libros! 14. ¡Ojalá pases unas felices vacaciones!

FICHA 38:

1. 2. Se llevan mal. 3. Se llevan bien. 4. Se llevan bien. 5. Se llevan mal. 6. Se llevan bien.

2. 1 - j; 2 - h; 3 - c; 4 - i; 5 - k; 6 - d; 8 - f; 9 - b; 10 - a; 11 - e.

3. 2. Felipe y Pedro se parecen. 3. Catalina y Marcia se parecen. 4. Rosa y Carmen no se parecen en nada. 5. Valeria y Lucía no se parecen en nada.

CLAVES DE "EN AUTONOMÍA", *Planet@ 2*
(Libro del Alumno)

TEMA 1. LA ECOLOGÍA: *salvemos el planet@.*

2. – Nació en 1962. En aquella época sus padres vivían en Montevideo porque trabajaban allí.
 – Empezó a ir al colegio en 1967. El colegio era religioso y estaba a las afueras de la ciudad. Muchos de sus compañeros eran extranjeros. Los profesores eran muy estrictos. Tenía que estudiar mucho.
 – Su primer viaje fue a Asturias, al pueblo de sus padres. El pueblo era muy pequeño y estaba entre montañas y bosques. Sus abuelos vivían allí.

5. Estar cansado/a, acostarse pronto.
Estar enfermo/a, ir al médico.
Tener hambre, comer un bocadillo.
Tener sueño, tomarse un café.
Querer conocer la Patagonia, ir a Argentina.
Tener estrés en el trabajo, irse de vacaciones.

Estaba cansado/a y me acosté pronto.
Estaba enfermo/a y fui al médico.
Tenía hambre y comí un bocadillo.
Tenía sueño y me tomé un café.
Quería conocer la Patagonia y me fui a Argentina.
Tenía estrés en el trabajo y me fui de vacaciones.

8. Posibles combinaciones:
 – Mi mujer está enferma y además no tengo dinero; por eso no puedo ir a la boda de Marisa.
 – Como hay huelga de transportes, la reunión está cancelada; llamo por teléfono mañana.
 – No me caso contigo porque ya no te quiero.
 – No llego esta noche porque no hay billetes. Como tomo el tren, llego el viernes.

9. Decir: dije, dijo, dijisteis. Poder: pudiste, pudo, pudimos, pudieron. Poner: puse, puso, pusimos, pusisteis. Querer: quisiste, quisimos, quisieron.

10. 1. Sigo pensando que la vida es bella. 2. He dejado de beber alcohol. 3. Me he vuelto a enamorar de la misma mujer. 4. He dejado de ir tanto al cine. 5. He vuelto a equivocarme en la misma cosa. 6. Sigo queriendo encontrar a mi príncipe azul. 7. He dejado de creer en la política. 8. He vuelto a leer el *Quijote*.

12. 1 - g; 2 - f; 3 - h; 4 - b; 5 - e; 6 - d; 7 - a; 8 - c.

TEMA 2. LA JUSTICIA: *trabajo (y ocio) para tod@s.*

2. • Nació
 • empezó... estudiaba... era
 • se instaló. Era
 • se marchó... se sentía... Escribía
 • regresó... fundó... recorría... representaba
 • viajó... tuvo... . Volvió... era
 • fue asesinado

3. Relaciona:
Estuve viviendo un año en Quito, estudiaba la cultura quechua.
Estuve 5 años en China, todos los días comía arroz.
Tuve una novia de Nueva Zelanda, todas las noches la llamaba y ahora estoy arruinado.
Viví 5 años en el campo, criaba animales y tenía un pequeño huerto.
Trabajé un curso en una escuela de idiomas, daba diariamente cuatro horas de clase.

5. 1. Comer menos y hacer más ejercicio. 2. Tomarse las cosas con más calma. 3. Salir con amigos y tener relaciones sociales. 4. Aprender idiomas e informática. 5. Dialogar y escuchar al
otro.

1. Juan tiene que/debería comer menos y hacer más ejercicio porque está muy gordo.
2. Como Ana está muy estresada, tiene que/debería tomarse las cosas con más calma.
3. Como Pepe se siente muy solo, tiene que/debería salir con amigos y tener relaciones.
4. Como María no encuentra trabajo, tiene que/debería aprender idiomas e informática.
5. Silvia y Jesús tienen que/deberían dialogar y escuchar al otro, porque discuten mucho.

6.

| Rodrigo | Margarita | Arturo | Felisa |

| Gustavo | Isabel |

| Bernardo | Lucía | **Manuel** | Matilde |

| Carlos | Rafael | Roberto | Clara |

10. 1. A un bebé. 2. Una comida (paella). 3. Unos zapatos. 4. El aspecto físico de una persona.

11. Algunas combinaciones posibles:
   1 - e, g; 2 - b; 3 - k, m; 4 - c, ll; 5 - ch, f, j; 6 - d, h; 7 - i; 8 - n; 9 - a, l.

TEMA 3. LA TOLERANCIA: *viajar para comprender.*

1. 1. ¿Qué tal el fin de semana?
   2. Muy bien, estuve en las Hoces del Duratón.
   3. ¡Anda!, ¿eso dónde está?
   4. Pues, en Segovia, cerca de Sepúlveda.
   5. ¿Y qué hiciste?
   6. Estuve haciendo piragüismo por el río.
   7. ¡No me digas!
   8. Sí, fue fantástico. Alquilamos una piragua y nos recorrimos algunos kilómetros.
      Lo que más me gustó fueron las vistas.

5. Llevo tres meses estudiando español.
   Le dijeron que el examen estaba mal y, de pronto, se puso a llorar.
   Llevo trabajando 14 años.
   Oyó un ruido muy fuerte, se asustó y se puso a correr.
   Llevo viviendo aquí desde que me casé.

6. 1. Una aspirina. 2. Un cigarrillo. 3. 1.000 pesetas. 4. El diccionario. 5. Un bolígrafo.

7.

	1.	2.	3.	4.	5.
¿Podrías prestarme...?			x		
¿Me dejas...?				x	
¿Me das...?		x			
¿Tienes...?	x				
Déjame...					x

8. Sugerencias:
¿Me das un caramelo?
¿Me das una aspirina?
¿Me prestas dinero/ un euro/x pesetas, etc.?
¿Me dejas un lápiz?
¿Me dejas tu mechero?/¿Me das fuego?
¿Me prestas tu casete?

9. Sugerencias:
(Por favor), ¿me presta/deja un bolígrafo?
(Por favor), ¿me presta/deja el periódico?
(Por favor), ¿me da dinero para el metro?
(Por favor), ¿me dejas un tebeo?

10. 1. Acepta. 2. Rechaza. 3. Rechaza. 4. Acepta. 5. Acepta.

12. 1 - b; 2 - e; 3 - d; 4 - c; 5 - a.

13. Mi primo Juan... e.
Mi prima Eulalia... c.
Después de viajar... d.
No puedo más... a.
Este no quiere... b.

14. a. Para de hablar. b. Te voy a pegar. c. Qué buena está la comida. d. Hay mucha gente.

TEMA 4. EL EQUILIBRIO: *cuerpo y alma.*

1. Horizontales: 1. liso. 2. corto. 3. morenos. 4. barba. 5. bigote. 6. gafas.
Verticales: 1. maja. 2. largo. 3. rubias. 4. ojos. 5. pelo.

3. 1. No, la que está de espaldas es María.
2. No, el de la camisa verde es Roberto./No, Enrique es el de la camisa blanca.
3. Antonio es el del pañuelo al cuello y el jersey.
4. No, el que está de pie es Enrique.
5. No, la que está de frente es Juana./No, María está de espaldas.
6. Roberto es el de la camisa verde.
7. No, el del pañuelo al cuello y el jersey es Antonio./No, Roberto es el de la camisa verde.

4.

Verbo	Forma TÚ	Forma USTED
DIBUJAR	dibuja	dibuje
ANDAR	anda	ande
TOMAR	toma	tome
ESCRIBIR	escribe	escriba
COMER	come	coma
BEBER	bebe	beba
CAMINAR	camina	camine
HABLAR	habla	hable
PREGUNTAR	pregunta	pregunte
ABRIR	abre	abra
ESCUCHAR	escucha	escuche
VIVIR	vive	viva

5.

-AR	-ER	-IR
TÚ (-a)	-e	-e
USTED (-e)	-a	-a
VOSOTROS/AS (-ad)	-ed	-id
USTEDES (-en)	-an	-an

6. Salir: salgo. Tener: tengo. Oír: oigo. Decir: digo. Hacer: hago. Poner: pongo.

	DECIR	TENER	HACER	OÍR	PONER
(Tú)	Di	Ten	Haz	Oye	Pon
(Usted)	Diga	Tenga	Haga	Oiga	Ponga
(Vosotros/as)	Decid	Tened	Haced	Oíd	Poned
(Ustedes)	Digan	Tengan	Hagan	Oigan	Pongan

9.

VERBO	BEBER	SACAR	PEGAR	COMER	SUBIR	HACER
(Tú)	no bebas	no saques	no pegues	no comas	no subas	no hagas
(Usted)	no beba	no saque	no pegue	no coma	no suba	no haga
(Vosotros/as)	no bebáis	no saquéis	no peguéis	no comáis	no subáis	no hagáis
(Ustedes)	no beban	no saquen	no peguen	no coman	no suban	no hagan

VERBO	ESCRIBIR	CORRER	CAMINAR	DECIR	ANDAR
(Tú)	no escribas	no corras	no camines	no digas	no andes
(Usted)	no escriba	no corra	no camine	no diga	no ande
(Vosotros/as)	no escribáis	no corráis	no caminéis	no digáis	no andéis
(Ustedes)	no escriban	no corran	no caminen	no digan	no anden

10. Está prohibido poner los pies sobre la mesa. Está prohibido tocar el estéreo. Está prohibido venir con niños. Está prohibido abrir las ventanas. Está prohibido llamar por teléfono. Está prohibido fumar.

11. 1. Pase, pase. 2. Mira. 3. Oye. 4. ¿Dígame? 5. ¡Anda! 6. Venga.

1 - f; 2 - d; 3 - e; 4 - c; 5 - b; 6 - a.

12. 2. ¿Puedes dejarme un bolígrafo?/¿Podrías dejarme un bolígrafo?/¿Serías tan amable de dejarme un bolígrafo?
3. ¿Puede pasarme la sal?/¿Podría pasarme la sal?/¿Sería tan amable de pasarme la sal?
4. ¿Puedes traerme un vaso de agua?/¿Podrías traerme un vaso de agua?/¿Serías tan amable de traerme un vaso de agua?
5. ¿Puede enseñarme ese vestido?/¿Podría enseñarme ese vestido?/¿Sería tan amable de enseñarme ese vestido?

13. Sugerencias:
El libro. 1. ¿Podrías dejarme el libro?
2. ¿Sería tan amable de darme el libro?
3. Dame mi libro.

La sal. 1. ¿Me trae la sal, por favor?
2. Pásame la sal, por favor.
3. ¿Sería tan amable de dejarme la sal?

La hora. 1. ¿Me dice la hora, por favor?
2. Dime qué hora es, por favor./¿Qué hora es?

TEMA 5. LA CONVIVENCIA: *nuevas familias, nuevos amores.*

1.

s	i	m	p	a	t	i	c	a	o	e	z	d	h
z	n	k	m	l	ll	t	m	y	u	x	a	e	c
x	t	l	ñ	h	z	d	g	a	w	t	e	n	a
v	e	a	f	a	g	o	u	w	j	r	q	c	r
e	l	b	a	d	a	r	g	a	n	o	a	a	i
m	i	c	e	e	a	g	f	x	t	v	q	n	ñ
t	g	x	m	r	u	h	i	r	k	e	u	t	o
c	e	d	r	g	h	ñ	e	c	d	r	q	a	s
d	n	x	t	e	d	i	v	e	r	t	i	d	a
h	t	t	w	l	b	t	m	u	r	i	ll	o	m
i	e	l	b	a	m	a	v	f	ñ	d	i	r	q
j	m	w	r	s	v	t	g	x	y	o	m	a	r

2. 1. Se llevan bien. 2. Se pone triste. 3. Se pone nervioso. 4. Le encanta. 5. Se llevan mal.

3. Me pongo nervioso/a cuando tengo un examen.
Me pongo rojo/a cuando tengo que hablar en público.
Me pongo triste cuando veo imágenes de la pobreza en el mundo en la televisión.
Me alegra cuando llega la primavera.
Me pongo malo/a cuando tengo que conducir por la ciudad.
Me enfado cuando me insultan.

4. 1. A mis padres les pone malos la música *heavy*. 2. A mi compañero y a mí nos pone muy contentos recibir visitas. 3. (A mí) me pone nervioso estar con chicas. 4. A mi padre le pone triste leer el periódico. 5. (A mí) me pone melancólico el otoño.

5. 1. Alejandro es tranquilo; le relaja jugar al tenis y le molesta el ruido. 2. Gemma y Nuria son muy activas, se llevan muy bien y les encanta viajar y conocer gente. 4. Irene es cariñosa, le gusta la vida familiar y le encantan los niños.

6. Pongas, hagas, llegues, tires, vayas, hables.

	TIRAR	PONER	LLEGAR	HABLAR	IR	HACER
(Yo)	tire	ponga	llegue	hable	vaya	haga
(Tú)	tires	pongas	llegues	hables	vayas	hagas
(Usted/él/ella)	tire	ponga	llegue	hable	vaya	haga
(Nosotros/as)	tiremos	pongamos	lleguemos	hablemos	vayamos	hagamos
(Vosotros/as)	tiréis	pongáis	lleguéis	habléis	vayáis	hagáis
(Ustedes/ellos/as)	tiren	pongan	lleguen	hablen	vayan	hagan

7. Sugerencias:
Me encanta que me regales flores.
Pues a mí me gusta que te vistas bien.
Me pone muy contento que me invites a un restaurante.
Me gusta mucho que hagas la cama.
Me pone alegre que laves los platos.
Me entusiasma que me hagas una cena especial.
Me pone contento que me compres un regalo.

8. Pues yo no quiero que comas caramelos. Pues yo no quiero que juegues al fútbol. Pues yo no quiero que montes en moto.

Pues yo no quiero comer alimentos sanos. Pues yo no quiero visitar a mi abuela. Pues yo no quiero navegar menos en Internet./Pues yo quiero navegar en Internet.

CLAVES VERSIÓN MERCOSUR, *Planet@ 2*
(Libro del Alumno)

=== TEMA 1 ===

IR / IRSE / IR (IMPERSONAL)

1. a - 3; b - 5; c - 2; d - 1; e - 7; f - 6; g - 4.

2. Movimiento en una dirección: b - 5; c - 2; d.
Acto de marcharse de un sitio: e; g - 4.
Saludar: a.
Querer saber sobre algo/alguien: f.

3. Pron. + ir en 3ª p. sing.: Saludar. Querer saber algo de alguien.
Pron. + ir en todas las personas: Acto de marcharse.
Ir en todas las personas + a: Movimiento en una dirección.

4. a. se va, se iba. b. le va. c. fue. d. le fue. e. nos va. f. vas. g. les va. h. van. i. voy.

LA PREPOSICIÓN A

2. Verbo + a + objeto directo persona.
Verbo + objeto directo no persona.

VOCABULARIO

1. a. dieta para adelgazar. b. hotelería, mangos. c. municipalidad, estacionamientos, costos.

2. Dieta para adelgazar = dieta de adelgazamiento.
Hotelería = hostelería.
Mangos = pelas.
Municipalidad = ayuntamiento.
Estacionamiento = aparcamiento.
Costos = costes.

=== TEMA 2 ===

1. Sugerencias: 1. c. 2. a, b, d, e, f. 3. b, e, f.

2. a. ¡Qué mona que es! = ¡Qué guapa/maja es!
b. ¡Qué churro/a! = ¡Qué guapo(a)/majo(a) es!
c. ¡Qué buena pinta tiene! = ¡Es guapísimo/a!
d. ¡Qué linda! = ¡Qué guapa!
e. ¡Qué bien te queda ese corte de pelo! = ¡Qué bien te sienta ese corte de pelo!
f. ¡Qué fuerte que está! = ¡Qué guapo(a)/majo(a) es!
3. a. anda, en bicicleta. b. mozos. c. celular/movicom. d. maneja, registro de conductor. e. ascendieron, sueldo.

TEMA 3

1. 2. No. 3. ¿Y cómo es que se te ocurrió ir a Ecuador? 4. Para decirte la verdad. 5. Teníamos ganas. 6. … un poco cansado… 7. ¿ … has estado en Ecuador? 8. ¿qué hicisteis allí? 9. … tenés…

4. Al infinitivo se le quita la "r" y se agrega "s" acentuando la vocal final.

5. 2. piensas, pensás. 3. duermes, dormís. 4. almuerzas, almorzás. 5. sientes, sentís. 6. vuelas, volás. 7. empiezas, empezás. 8. sirves, servís.

EL "CHE" ARGENTINO

Óscar: ¡Hola! ¿Cómo estás, Carmen?
Carmen: Bien, ¿y vos? ¿Qué contás?
Óscar: Nada, que esta noche Pili da una fiesta en su casa. ¿Tenés ganas de ir?
Carmen: Para decirte la verdad, hoy tuve un día muy cansador…
Óscar: Vamos, que así te distraés un poco.
Carmen: Che, ¿sabés si va Xavier?
Óscar: Sí, sí.
Carmen: En ese caso, ¿por que no me buscás por casa a las 9?
Óscar: Bueno.

MALENTENDIDOS CULTURALES

1. a. Al entrar al cine se compra la entrada -que es numerada-, se ingresa a la sala, un acomodador te acompaña hasta la butaca, te entrega un programa y entonces tú le dejas unas monedas (no más de un peso).
b. Como en Argentina el servicio no está incluido en la adición, debes entonces dejarle al mozo una propina equivalente al 10% de lo que has consumido.
c. En Argentina los colectivos no tienen cobrador. En la ciudad de Buenos Aires los colectivos tienen una máquina automática en la que debes introducir monedas de uso corriente. Para saber el valor que debes pagar, infórmale al conductor hasta dónde vas a viajar.
d. En Argentina dos hombres pueden saludarse de tres maneras: dándose un apretón de manos, abrazándose y palmeándose la espalda o dándose un beso en la mejilla. El beso es frecuente entre los jóvenes.
e. Se dan un único beso en la mejilla.
f. El 6 de enero se festeja la llegada de los Reyes Magos y la costumbre es que los niños dejen un par de zapatos en la puerta de su dormitorio y al día siguiente encuentren regalos.
g. Es común comer ñoquis y debajo del plato hay que poner un billete, porque, según dice la costumbre, te traerá fortuna.
h. En Argentina prevalece el apellido por encima del nombre.

2. 1. fósforos. 2. … no me he traído. 3. … trajiste… 4. … se nos ha olvidado. 5. ¿Me dais… 6. ¿necesitan algo más? 7. … si no te molesta…

PRONOMBRES PERSONALES ÁTONOS

1. a. Nuestro jefe los pidió para mañana. b. La trasladamos a una sala más grande. c. La pagué muy barata. d. Las dejé en tu casa. e. Lo llevaré. f. ¿Las compramos ahora?

2. Sugerencias: a. Sí, te lo doy./ No, no te lo doy. b. Sí, me lo devolvió./ No, no me lo devolvió. c. Me la compré ayer. d. Nos las entregarán la semana que viene. e. Sí, me los prestó./ No, no me los prestó. f. Sí, ya me la pasó./ No, todavía no me la pasó.

3. a. Sí, ya se las pagué./ No, no se las pagué. b. Sí, se los entregué./ No, no se los entregué. c. Sí, se la mandé./ No, no se la mandé. d. Sí, se las di./ No, no se las di. e. Sí, se lo solicité./ No, no se lo solicité. f. Sí, me lo trajo./ No, no me lo trajo. g. Sí, ya se lo avisé./ No, todavía no se lo avisé. h. Sí, se la mandé./ No, no se la mandé.

5. me , me lo, le, lo, Le, lo, lo, lo, me, te, lo, le, lo, se lo, les, me, le, le, nos, nos.

EL USO DE LA PREPOSICIÓN A CON EL OBJETO DIRECTO

2. a. personas. b. cosas.

3. a. a. b. ø . c. a. d. a. e. a. f. al. g. ø. h. a. i. a. j. ø. k. al.

VOCABULARIO

1. la tirita = la curita; el bolígrafo = la birome; la piscina = la pileta; el mechero = el encendedor; las cerillas = los fósforos; la pastelería = la confitería; el ordenador = la computadora; la crema antimosquitos = el repelente; el visado = la visa; el saco de dormir = la bolsa de dormir; las gafas de bucear = las antiparras; la maleta = la valija; el bañador = la malla o el traje de baño;.

=========================== **TEMA 4** ===========================

EL IMPERATIVO Y LA POSICIÓN DE LOS PRONOMBRES ÁTONOS

1.

Imperativo		Otros tiempos
Afirmativo	Negativo	
		no te lo puedo
Decime		
decímela		te la digo
atiéndelo		Lo atendí
Devuélvele		
devuélveselo		se lo devolví
	No le cuentes	le cuento
	no se lo cuentes	
		nunca le cuento

2. a. siguen al verbo y van unidos a él. b. preceden al verbo y se escriben separadamente. c. preceden al verbo y se escriben separadamente.

3. a. Quítatelo. b. Entrégaselo. c. Ábresela. d. Lávemela. e. Sáquelos. f. Entréganoslas.

4. Se señalan diferencias léxicas con el español hablado en España. De un modo general: 3. bombachas = bragas. 6. polleras = faldas. 7. corpiños = sujetadores o sostenes. 9. pulóveres = jerseys. 10. tapados = abrigos de mujer. 11. camperas = cazadoras. 15. sobretodos = abrigos de hombre. 16. saco = chaqueta o americana. 17. remeras = camisetas.

6. a. Acuéstese en el piso. Coloque los brazos extendidos en forma de cruz y no los mueva en ningún momento. Flexione las piernas sobre la barriga. Extienda las piernas hasta formar un ángulo recto con el tronco, luego abra y cierre las piernas lentamente.
   b. Póngase de pie. Separe los pies. Tóqueselos con las manos. Flexione las rodillas y estírelas lentamente.
   c. Siéntese en el piso. Abra las piernas y déjelas bien estiradas. Levante los brazos. Llévelos hacia la pierna izquierda. No flexione las rodillas. Repita el mismo movimiento hacia la derecha.

EL IMPERATIVO Y LA FORMA VOS DEL RÍO DE LA PLATA

2. Dejar: deja. Caminar: camina. Recordar: recuerda. Comer: come. Tomar: toma. Empezar: empieza. Pensar: piensa. Cuidar: cuida. Usar: usa. Encontrar: encuentra.

3. Al infinitivo se le quita la "r" y se acentúa la vocal final.

4. a. Acostate en el piso. Colocá los brazos extendidos en forma de cruz y no los muevas en ningún momento. Flexioná las piernas sobre la barriga. Extendé las piernas hasta formar un ángulo recto con el tronco, luego abrí y cerrá las piernas lentamente.
   b. Ponete de pie. Separá los pies. Tocátelos con las manos. Flexioná las rodillas y estiralas lentamente.
   c. Sentate en el piso. Abrí las piernas y dejalas bien estiradas. Levantá los brazos. Llevalos hacia la pierna izquierda. No flexiones las rodillas. Repetí el mismo movimiento hacia la derecha.

VOCABULARIO

1. 1 - f; 2 - e; 3 - d; 4 - a; 5 - c; 6 - g; 7 - b.

TEMA 5

VOCABULARIO

1.
Querida Leonor:
No estoy pasando por una buena época. Como ya sabés hace 5 años que Mario y yo **andamos /estamos** juntos, y si bien hay cosas en las que nunca **hemos sintonizado, teníamos buena onda/nos llevábamos bastante bien.** No sabría decirte exactamente qué es lo que me está pasando, pero actitudes que antes le toleraba, ahora **me enferman.** Por ejemplo, jamás le gustó **ordenar** la cocina ni **lavar los platos**, bueno, terminaba haciéndolo yo y no me quejaba. Pero algo debe de haber cambiado, pues ahora estas cosas me **enojan** mucho y siempre acaban en pelea. Y cómo no acabar a gritos, si me deja a mí en la cocina y él se va a **montar/andar** en moto, y vaya a saber una con quién.
En verdad te escribo para que me des algún consejo, pues no sé si estoy siendo justa con él, ya que por otro lado Mario **es un chico muy majo/tiene muy buena onda.** ¿Será esta una crisis pasajera? No lo sé, pero todo esto me pone muy triste.
Escríbeme lo antes posible. Un beso.

Sonia

P.D.: Te cuento, y en máximo secreto, que últimamente me encuentro muy a menudo con Andrés, un ex compañero de facultad. ¿Te acordás? No sé qué me pasa, pero cada vez que lo veo tiemblo toda y me pongo **colorada** como un tomate.

Notas

Notas

Notas

Notas